KB259931

소비자의 지갑을 여는 11가지 기술

소매업 CEO들의 성공 스토리

제임스 W. 키이스 외 지음 | 박윤규 옮김

서울출판미디어

국립중앙도서관 출판시도서목록(CIP)

소비자의 지갑을 여는 11가지 기술: 소매업 CEO들의 성공 스토리 / 지은이: 제임스 W. 키이스 외 ; 옮긴이: 박윤규. -- 파주 : 서울출판미디어, 2007

p. ;   cm

원서명: The art of retail
원저자명: Keyes, James W.
ISBN   978-89-7308-142-4 03320

326.176-KDC4
658.87-DDC21   CIP2007001580

INSIDE THE MINDS

Inside the Minds:
The Art of Retail

Industry CEOs on Successfully Delivering Product to Market

소매업 시장이 생산자 위주 시장에서 소비자 위주 시장으로 변화하고 있다. 과거의 생산자 위주 시장에서는 상품의 생산과 유통을 생산자가 주도했을 뿐만 아니라, 상품에 대한 정보도 소비자보다는 생산자가 더 많이 가지고 있었다. 따라서 생산자와 소비자 사이의 중간 유통업체인 소매업은 더 많은 상품을 확보하고 판매하기 위해 생산자에게 의존하는 경향이 컸다. 하지만 오늘날에는 정보기술이 발달함에 따라 상품 관련 정보를 얻을 기회가 많아진 소비자들은 상품을 비교하면서 구매할 수 있게 됐다. 상품 공급은 소비자가 원하는 만큼, 원하는 장소와 시간에 맞춰 제공해야 하는 소비자 위주 시장으로 변화하고 있다. 변화에 대응하고 성공적인 소매업을 유지하기 위해서는 소비자의 요구에 상응할 수 있는 전략이 필요하다.

이 책은 성공적인 소매업을 위한 전략을 제시한다. 물론 최신 정보기술도 필요하겠지만 무엇보다 중요한 것은 소비자의 욕구를 충족시켜주는 전략임을 강조한다. 교과서적 이론이 아닌, 소매업 분야에서 많은 경험을 쌓은 CEO들의 경험담과 사례를 통해 소비자들이 즐거운 쇼핑을 경험하게 하는 다양한 전략을 소개한다.

여러 가지 다양한 전략이 소개되었지만, 새로운 기술을 연마하는 것보다
는 전통적으로 이어온 기술의 중요성 - 온고지신 - 을 강조한 부분은 꼭
새겨들어야 한다. 예를 들어 가장 효과적인 고객 서비스는 매장으로 전화를
했을 때 복잡한 안내 메시지로 번거롭게 하는 대신에, 예전처럼 직원이
직접 전화를 받아 상담해주는 것이다. 디지털 기술의 발달로, 직원들이
고객을 직접 만나거나 통화하면서 친절한 서비스를 제공해야 한다는 개념이
퇴색되는 것이 못내 아쉽다고 말하고 있다.

소매업 CEO들이 가장 고심하는 부분이 조직운영과 인재관리다. 누구에
게 어떤 일을 맡길 것인가, 일을 수행하는 데 어느 정도의 권한을 줄 것인가
하는 문제는 조직의 성패를 좌우할 만큼 중요하다. 그러나 권한을 분배하고
무게 중심을 어디에 둘 것인지를 판단할 수 있는 지혜를 터득하는 것은
쉽지 않다. 이 책은 능력 있는 직원을 채용하기 위해 취하는 방법은 무엇이며
어떻게 권한을 이양하고 있는지를 CEO들의 경험을 통해 설명한다.

특히 정보처리 기술의 발달은 소매 유통업체의 정보수집 능력을 향상시
켰고, 동시에 데이터를 토대로 공급업체와 소비자들과의 관계를 구축해나
갈 수 있는 기반을 형성하고 있다. 따라서 소매 유통업체들은 그들이 지닌
영향력을 바탕으로 이전과는 다른 기능을 점점 더 신속하게 수행할 것으로
보인다.

그렇지만 아무리 훌륭한 정보기술이나 뛰어난 전문가를 보유하고 있을지
라도, 서로 신뢰하고 도울 수 있는 조직문화가 없다면 소매업은 성공할
수 없다는 점도 강조한다.

소매업을 성공적으로 이끄는 데는 특별한 비법이 있는 것이 아니다. 서로가 신뢰할 때 수익은 저절로 따라오고 성공을 이룰 수 있다는 너무도 평범한 진리를 이 책은 교훈으로 남긴다. 소매업에서는 상품만 유통되는 것이 아니다. 상품이 유통되는 곳에는 언제나 사람과 사람의 만남이 있다. 좋은 만남이 지속될 때 상품은 원활하게 유통되며, 이런 만남은 상호 믿음에서 비롯된다. 어떤 조직이든 믿음은 모든 관계의 기본이다. 따라서 신뢰할 수 있는 환경을 조성하는 것이 무엇보다도 중요한 성공의 요소다.

이 책을 읽고서 소매업을 운영하는 데 도움을 받았고, 사업을 성공적으로 운영할 수 있었다는 이야기를 듣게 된다면 역자는 더할 나위 없이 기쁠 것이다.

마지막으로 이 책이 나오기까지 도움을 주신 도서출판 한울의 김종수 사장님과 관계자 분들, 그리고 항상 믿고 응원해준 가족 모두(부모님, 연수, 종임, 종은)에게 감사를 표한다.

2007년 5월

박윤규

소매업의
새로운 브랜드

제임스 W. 키이스(James W. Keyes)

세븐일레븐(7-Eleven) 사장, CEO

편 의 점 소 매 업

편의점이라는 소매업을 운영해온 지난 76년 동안, 우리는 살아남기 위해 노력했고, 그 결과 지속적으로 발전해왔다. 이런 발전은 세븐일레븐(7-Eleven)의 특이한 관점에서 비롯됐다고 할 수 있다. 끊임없이 변화하는 편의점 고객들의 욕구를 만족시키는 기술을 우리는 예술이 아니라 과학이라고 표현하고 싶다.

이 말은 과학이나 소매업이 있는 그대로를 냉철하게 받아들인다는 뜻이 아니다. 과학은 단순히 데이터만 정리한 것이 아니다. 과학은 데이터를 분석하고, 이에 따라 행동을 조율하며 그 결과를 예측하는 것이다. 성공적인 소매업은 데이터 분석을 통해 새로운 상품 개발과 검증을 가능케 한다. 그리고 소비자들과 의견을 주고받음으로써 소비자들의 변화를 미리 예측하고, 소비자들이 원하는 상품을 시장에 성공적으로 공급할 수 있어야 한다. 따라서 소매업도 과학이라고 할 수 있다.

시 작

세븐일레븐은 1927년 미국 텍사스 주 댈러스에서, 커다란 얼음을 파는 얼음 창고에서 시작되었다. 그 시절 우리에게는 특별한 기술이 없었지만, 소비자 한 명 한 명의 이름을 훤히 외는 소매상 특유의 눈과 귀가 있었다. 한 고객이 얼마 전에 냉장고를 구매해서 앞으로는 얼음을 사러 오지 않을 것이라고 말하자, 이 현명한 소매상은 더 많은 사람들이 냉장고를 구입하게 되면 더 이상 얼음을 팔 수 없다는 것을 깨달았다. 따라서 판매 품목에 우유를 추가했고, 얼마 뒤에는 얼음, 우유, 빵으로 품목을 늘렸다.

소비자 반응에 따라 품목을 바꿀 수 있었던 소매상의 능력은 오늘날 편의점으로 불리는 하나의 산업을 탄생시켰고, 소매업이 어떻게 운영되어야 하는지를 설명해주고 있다. 소매업은 소비자의 변화를 인지하고, 이러한 변화에 뒤처지지 않도록 꾸준히 변화해야 한다. 기술의 발전으로 우리는 모든 매장의 판매상품을 실시간 모니터하고 판매정보를 취합할 수 있게 됐다. 이러한 판매정보를 이용함으로써 상품 구색을 결정하고 소비자의 욕구를 충족시키는 것이 '소매업의 시작'이라고 할 수 있다.

편의점 세계에서 일어난 변화

소매업체들은 정보기술을 이용해 매장에서 신속하게 고객들과 거래할 수 있다. 또 상품별 정보를 쉽게 얻을 수 있으므로 판매상품을 효율적으로 관리할 수 있고 결과적으로 비용절감 효과를 얻을 수 있다. 정보기술은 소매업이 지속적으로 발전할 수 있는 발판이 되었다고 할 수 있다.

월마트와 세븐일레븐 등 대형 소매업체는 최신 정보기술을 최대한 이용한다. 따라서 예전에 전통적인 소매상에게서 보아온 가게 주인과 고객과의 인간적인 요소는 더 이상 존재하지 않는다고 쉽게 말할 수도 있다. 그러나 역설적으로 이런 기술은 소매업이 인간적인 요소를 계속 유지할 수 있게 도와주기도 한다. 차이가 난다면 단지 우리가 어떻게 정보를 얻고 사용하느냐는 것이다. 1927년 당시의 가게 주인은 각 고객의 이름을 외고 있었으므로 고객과 더 친밀해질 수 있었고, 방문하는 고객과 대화를 통해 고객에 관한 정보를 얻을 수 있었다. 하지만 오늘날, 1시간 동안 전 세계 2만 5,000개의 세븐일레븐을 방문하는 고객의 수는 그 옛날 가게 주인이 1년 내내 본 고객의 수보다 훨씬 많다. 이렇게 많은 소비자들의 욕구를 충족시키기 위한 최선의 방법은 정보기술을 효율적으로 이용하는 것이다.

세븐일레븐의 각 매장 책임자들은 정보기술을 이용하여 더 효과적인 의사결정을 하게 됐고, 이들은 실질적으로 매장을 운영하는 기업가로서의 책임을 지게 됐다. 바로 이것이 소매업이 활성화될 수 있는 중요한 요소라고 생각한다. 세븐일레븐의 특징은 독특한 유통 시스템과 규모의 확장, 그리고 각 매장의 판매 품목을 그 지역 수요를 잘 알고 있는 해당 지역 매장 책임자의 손에 맡기는 것이다. 세븐일레븐은 월마트의 구매력과 세계적인 브랜드로서 성공할 수 있는 장래성을 모두 갖추고 있다. 우리는 지역 매장의 경영을, 그 지역 소비자 서비스에 최선을 다하는 각 매장 책임자에게 맡긴다.

편의점 소매업에서 제일 중요한 것은 소비자들이 원하고 필요로 하는 상품의 정보를 파악하고 구비하는 것이다. 그렇지 못하면 '편의(convenient)'라고 할 수가 없다. 만약 어떤 고객이 특정 브랜드, 특정 상품을 마음에 두고, 또는 응급 상황이 생겨 상점에 들어섰는데 원하는 상품이 없다면 '불편(inconvenient)'하다고밖에 할 수 없다. 따라서 편의점에서 소비자를 위해 할 수 있는 서비스는 하루 24시간 고객들이 필요로 하는 상품을 구비하는 것에서부터 시작된다. 이것이 소비자를 위한 서비스다. 또 소비자들이 최대한 즐겁게 웃으면서 즐겁게 매장에 출입할 수 있게 돕는 신속하고 친절한 서비스는 매우 중요하다.

다른 많은 소매업체처럼 소비자 서비스의 성과는 '편의점 소매업의 다섯 가지 원칙'으로 평가된다. 세븐일레븐에서 사용하는 원칙은 ① 상품 구색, ② 상품의 질, ③ 위생 상태, ④ 신속하고 친절한 서비스, ⑤ 가치다. 각 매장의 소비자 서비스의 성과는 이 다섯 가지 원칙으로 평가된다. 모든 기술과 정보도 소비자 서비스를 위해 사용해야 한다. 소비자 서비스에 기초하지 않는 한 기술과 정보는 무용지물이기 때문이다.

기 업 목 표

우리에게는 세계 최고의 소매업체가 되어야 한다는 야심찬 목표가 있고 물론 기회도 있을 것으로 믿는다. 이러한 기회는 우리의 세계적인 규모와 매년 생겨나는 수천만 개의 개인 소매업체로부터 새로운 소매업 기술을 빠르고 성공적으로 배울 수 있는 잠재력에서 비롯된다. 세븐일레븐은 가맹점 책임자를 기업가로 양성할 수 있는 독특한 구조를 갖추고 있다. 만약 각 가맹점 책임자를 기업가로 키워낼 수 있는 사업 모델이 성공적으로 운용된다면 새로운 가맹점을 유치할 수 있는 기회는 무한하다고 볼 수 있다. 따라서 우리의 과제는 사업 모델을 각 매장에 적용시켜 각 가맹점의 책임자를 기업가로 키우는 것이다. 이 모델은 가맹점뿐만 아니라 개인이 운영하는 가게 수준의 모든 소매업에 성공적으로 적용될 수 있다고 본다. 사업 모델이 성공하기 위해서는 매장과 기업을 재창조하는 과정을 거쳐야 하며 지난 10년간 우리는 이런 과정을 밟아왔다.

오늘날 우리 기업은 이전만큼 수직적으로 통합될 수는 없지만, 각 매장의 판매 목표와 이윤 목표를 설정하고 있다. 사실 나는, 각 매장의 성과가 기업 전체성과에 필적할 만한 수준에 도달하길 바란다. 주주들에 대한 의무이자 목표는 총수익 증대와 함께 투자수익을 늘리는 것이다. 이러한 목표는 각 매장에도 마찬가지로 적용되는데, 각 매장의 투자수익을 늘리고, 매장의 판매실적을 향상시켜야 한다. 만약 각 매장이 이 목표를 달성하고 있다면, 세븐일레븐 전체의 성공은 보장될 것이다.

경 기 변 동 이   소 매 업 에   미 치 는   영 향

고대 그리스 시장에서는 비가 내려 판매실적이 형편없으면 소매상들은 책임을 비에 전가했다. 오늘날도 마찬가지로 많은 소매업자들은 여전히 같은 변명을 하고 있다. 하지만 당신이 만약 소매업에 소질이 있다면, 당신은 날씨에 개의치 않고 사람들이 필요로 하는 것을 어떻게 판매할지를 고민할 것이다. 내가 가장 좋아하는 예는 뉴욕의 거리에서 찾을 수 있다. 뉴욕에서는 비가 오기 시작하면 5분도 채 안 돼서 거리 모퉁이마다 수백 명의 노점상들이 우산을 판매하는 것을 볼 수 있다. 소비자들의 변화하는 수요에 신속하게 대응하는 것, 이것이 바로 소매업이다. 만약 소매업자가 소비자 변화에 그만큼 신속하게 대응할 수만 있다면, 비가 온들 무슨 걱정이 겠는가?

이 원리는 불경기에도 적용된다. 아무리 불경기라도 사람들은 필요한 물건은 구입해야 하기 때문이다. 문제는 그 수요에 우리가 얼마나 민첩하게 반응할 수 있는지 여부다. 세븐일레븐은 지난 5년간 호경기든 불경기든 4~5% 정도로 매출이 인상되는 행운을 누렸다. 상품을 판매하면서 이와 같이 안전하게 매출 목표를 달성할 수 있었던 이유는, 소비자 수요의 변화에 신속하게 대응할 수 있었기 때문이다. 2000년 3분기에 경기변동이 일어났을 때 우리는 소비자들의 구매 습관에 일어난 큰 변화를 목격했다. 소비자들은 방문횟수를 줄이지는 않았지만, 구매량을 줄이거나 구매 품목을 달리했다. 예컨대 12캔이 들어 있는 맥주 1상자를 사던 소비자는 6캔이 들어 있는 1상자나 낱개 상품을 구매했다. 1갤런의 우유를 사던 소비자도 1/2갤런만 구매하는 것을 볼 수 있었다.

유가가 급격하게 오른 시기를 살펴보면, 소비자의 소비 성향은 평균적으로 한 달에 최대 50달러까지 감소했다. 유가가 갤런당 0.4달러가 증가한 상태에서 평소와 다름없이 자동차를 사용한다면, 당신이 쓸 수 있는 돈은 지난달에 비해 50달러나 줄어든다. 1년에 3만~3만 5,000달러를 벌고, 집이 있으며, 부양할 가족이 있는 사람은 매달 몇 백 달러 정도의 여유자금만 남길 수 있다. 여기에서 50달러가 더 줄어든다면, 당신은 직업을 바꿀 수밖에 없다.

우리는 매일 실시간으로 기록되는 데이터를 분석하여 소비자들의 소비 성향이 어떻게 변화하는지를 파악할 수 있다. 그리고 분석 결과에 따라 소비자의 새로운 수요를 충족시키기 위해 상품 구색을 변경한다. 1갤런의 우유를 파는 대신, 상품의 전체적인 구성을 바꾸어 반 갤런이 들어 있는 우유를 선보였다. 또한 지난 20년간 해왔던 것처럼 12캔이 들어 있는 맥주 1상자를 파는 대신, 냉장고 한 칸을 낱개 맥주로만 채웠다. 이렇게 판매상품에 변화를 주자 소비자들은 다시 소비를 하게 됐고, 매장 판매실적은 순조롭게 증가했다.

직원의 채용과 훈련

인력 문제는 소비자의 욕구를 충족시켜줄 수 있는 상품 구색 갖추기와 비슷하다. 적합한 직원을 물색하고 채용하는 문제는 효과적인 머천다이징을 계획하는 원리와 같다. 우리는 소비자가 원하는 상품을 구비하고 있어야 한다. 만약 소비자가 원하지 않고, 질도 좋지 않은 상품을 선반에 진열해놓았다고 한다면, 상품을 팔 수 있는 유일한 방법은 가격을 낮추는 것이다. 이런 인위적인 방법은 일시적으로 수요를 창출할 수 있지만, 수요를 지속시킬 수는 없다. 마찬가지로 이 원리를 인력 문제에도 적용시킬 수 있다. 마치 가격을 이용해 수요를 촉진하는 것처럼 고임금을 미끼로 사람들을 유인할 수 있다. 하지만 경쟁자가 더 많은 임금을 주고 우수한 인력을 빼앗아갈 수도 있다. 즉 임금이 아니라 다른 방법을 통해 우수한 인력을 고용해야 한다. 이를 위해서는 직원들의 마음을 사로잡아야 한다. 흥미로우면서도 직원들의 지적인 욕구를 충족시켜줄 수 있는 근무조건을 만들어주어야 한다.

많은 사람들은 스스로의 행동에 대한 피드백을 원한다. 이러한 점에서 볼 때 곧바로 피드백을 얻을 수 있는 소매업은 가장 매혹적인 직업 중 하나라고 할 수 있다. 만일 점원들이 단지 물건 값만을 계산하는 업무에만 치중한다면 매장을 위해 솔선수범할 여지는 줄어들 것이다. 그러나 만약 점원들에게 매장의 한 구역을 관리하게 하여 판매상품에 대한 의사결정권과 책임을 부여한다면, 상품 판매 방식의 변화나 신상품 출시에 대한 소비자들의 반응을 분석하는 등 자발적인 노력을 하게 될 것이다. 그리고 틀림없이 소비자의 반응을 분석하기 위해 고민할 것이다. 이러한 고민을 해결해주기 위해서 세븐일레븐은 점원들을 신속히 교육시킬 수 있고, 점원들이 하루가 다르게 변화하는 고객의 반응을 분석하고 대응할 수 있도록 교육하고 있다. 또한 점원들은 자신들이 내린 결정에 대한 피드백을 곧바로 얻을 수 있는 기술을 제공하고 있다. 이는 계산대 뒤에서 단순히 물건 값만 계산해주는 것보다 훨씬 흥미로운 일이며 직장에 출근하는 것을 즐겁게 해준다.

현재 우리는 공간적으로 멀리 떨어져 있는 각 매장의 점원들도 원격으로 교육할 수 있는 향상된 기술을 개발하고 있다. 많은 매장 점원들을 교육하고 이직 비율을 낮추기 위해서 이런 향상된 시스템을 직원들에게 소개하고 인지시키는 것은 우리의 끊임없는 과제다. 현재 우리는 비디오 스트리밍 기술을 이용해 각 매장 카운터에 있는 점원에게 금전등록기 사용법, 계산대 관리, 매장의 구역 관리 방법 등을 교육하고 있다. 이러한 기술은 우리가 최상의 직원들을 더 쉽게 모집하고, 교육하고, 채용할 수 있게 해준다.

리더십 대 경영 능력

지난 세월의 경험을 통해 경영 능력과 리더십의 차이를 이해하게 됐다. 나는 CEO로서 매일 발생하는 경영적인 문제보다는 리더십에 더 관심을 두게 됐다. 필요한 것은 언제 경영하고 언제 리더십을 발휘해야 하는지를 아는 것이다. 만약 훌륭한 인재가 있고 이들이 자신의 성과 목표를 달성하고 있다면, 나는 실무경영에 직접 참여하기보다는 리더의 역할만 하면 된다. 그러나 자신의 의무를 다하지 않고, 목표를 달성하지 못하는 무능력한 인력이 있다면 나는 실무경영에 더 관심을 쏟아야 한다. 실무경영에 참여해야 하는 상황이라면, 소매를 걷어붙이고 전체 기업의 발전을 위해 필요한 그 어떤 수준의 하찮은 일에라도 뛰어들 것이다. 결론을 말하자면 나는 상황에 따라 이 두 가지 경영 스타일을 자주 사용하고 있다.

권한을 손에 쥐고 있다는 점을 회사의 중역이나 매장의 매니저에게 인식시키기 위하여 노력한다. 세븐일레븐에는 '중앙분권화(centralized decentralization)'라는 접근방법이 있다. 다시 말해서 글로벌 기업으로서 전 세계에 있는 매장을 통제하고 일관성 있게 경영하며 발전시키기 위해서 대부분의 의사결정을 중앙에서 내린다. 이렇게 중앙에서 결정할 때 상품의 구매와 공급에서 특정 이득을 얻을 수 있다. 만약 우리가 무턱대고 모든 직원에게 모든 권한을 주면, 비용절감 효과를 얻을 수 없다. 그러나 판매상품과 관련된 결정에 각 매장 매니저에게 권한을 부여하고 기업가로 행동할 수 있게 장려한다. 중요한 것은 그들에게 권한이 부여됐다는 사실을 깨닫게 해주어야 한다. 각 매장은 합리적인 범위 내에서 결정을 내릴 수 있는 권한을 제공한다. 이것은 무제한 '방치된(free-range)' 기업가 정신이 아니라 '제한된(managed)' 기업가 정신이라고 말할 수 있다. 각 매장은 나름대로 매장을 관리할 수 있는 많은 권한을 부여받았다. 어느 매장이나 5,000~6,000개 정도의 상품 중 그 지역에서 제일 필요로 하는 2,000점을 자율적으로 선택할 수 있으며, 지역 주민들이 필요로 하는 그 지역만의 독특한 상품을 물색해 판매할 수 있다. 예컨대 아시아에 있는 매장에서는 그 지역의 고유 생산물인 쌀을 그 지역에서 공급받아 판매할 수 있다.

소 매 업 계 의 변 화

경기가 좋지 않을 때 소매업계에서 흔히 볼 수 있는 현상은 가격 인하와 판촉을 통해 매출을 높이려는 현상이다. 상품 가격을 수단으로 매출을 지속적으로 높일 수 있는 것은 유능한 상인들만이 구사할 수 있는 방법이라고 생각한다. 이렇게 몇몇 소매상이 가격을 수단으로 사용하는 것을 보면서 다른 많은 소매상들은 매출을 증대시키기 위한 유일한 방법은 가격이라고 생각하게 된다. 월마트를 볼 때마다 월마트의 성공이 저렴한 가격 때문인지, 고객에게 하는 정중한 인사 때문인지, 아니면 그들의 상품 구색 때문인지가 궁금해진다. 일반적으로 생각하면 월마트의 성공 요인은 가격이라고 속단할 수도 있지만, 앞에서 말한 모든 요소가 월마트를 성공으로 이끌었다고 생각한다. 만약 소매업체들이 지속적으로 낮은 가격을 유지할 수 있는 능력은 없는데 계속적으로 낮은 가격에만 의지하여 경쟁하려

든다면 결국에는 많은 어려움에 직면하게 될 것이다. 불행하게도 소매업체들은 다른 소매업체의 전략을 따라하는 경향이 있다. 따라서 많은 소매업체가 가격인하 정책을 통해 매출 증대에만 총력을 기울인다면 상품 가치는 떨어지고 모든 상품은 가치 없는 일상용품으로 전락할 것이다.

내가 봤던 가장 흥미로운 현상은 12캔 소프트 음료의 지나친 가격인하 정책을 통한 판촉이다. 코카콜라나 펩시와 같은 소프트 음료를 생수보다 더 싼 가격에 구매할 수 있다는 데서 알 수 있듯이 12캔 소프트 음료는 여러 해 동안 소비자들을 끌기 위한 미끼상품으로 이용됐다. 그러나 여기에 담긴 모순을 생각해보자. 코카콜라와 펩시는 최고가를 받아야 할 세계에서 가장 뛰어난 브랜드다. 이 상품이 정말 소비자들을 끌기 위한 미끼상품으로만 사용되어야 하는가? 정상가격으로 판매할 기회를 얻지 못해서일까? 모든 소매업체가 단순히 싼 가격으로 상품을 판매하기보다 지속적으로 상품의 가치를 높여서 더 높은 가격을 받을 방법을 고민하는 것이 중요하다고 생각한다. 즉 가격인하 정책을 통해 상품을 일상용품화(commoditize)하여 비교적 단순한 저부가가치 상품으로 판매하는 것은 쉽지만, 상품의 가치를 높여 비싸게 파는 것은 어려운 일이며 또한 도전적인 문제다. 훌륭한 소매업체는 바로 이런 문제를 해결할 수 있어야 한다.

나는 공급사슬(supply-chain)에 많은 변화가 일어날 것으로 예상한다. 세븐일레븐에서는 공급사슬을 수요사슬(demand-chain)이라고 한다. 우리는 거꾸로 소비자가 원하는 것에서 시작해서 생산자까지 연결되는 사슬의 비효율적인 면을 제거하는 데 목표를 두고 있다. 영세 자영업에서 유래된 소매업 유통은 비효율적인 면이 매우 많다. 공급자나 생산자들은 지역적으로 매우 넓게 분포된 각 상점에 자신들의 상품을 유통시켜야 하는 비효율적이며 매우 어려운 도전에 부딪히게 된다. 그러나 오늘날, 국제적이며 세계적인 규모를 자랑하는 공급자들이나 생산자들은 공급사슬을 이용하여 소매상에 게 최대한 효율적으로 상품을 유통시킬 수 있는 능력이 있다. 궁극적으로 수요사슬을 통해 비효율적인 면을 제거한다면 우리는 더 좋은 환경에서 좀 더 나은 양질의 상품을 소비자에게 제공할 수 있다는 것이다.

나는 소매업이 변화하고 있다고 믿으며, 우리가 변화할수록 나타나는 더 많은 경쟁 상대를 볼 때마다 더 큰 의욕이 생긴다. 다른 나라에서 우리의 경쟁력은 지대하며 거기에는 매우 강력한 경쟁자들이 있어서 전반적으로 미국에서보다 더 활성화된 시장이 형성된다. 그러나 미국의 편의점 업계는 경쟁이 그리 심하지는 않다. 그 이유는 소매점 산업이 너무 분산되어 있다는 것이다. 나는 다양한 소매업이 한 시장에서 경쟁할 수 있는 환경이 조성되길 바란다. 결론적으로 더 활기차고 경쟁적인 환경이 소매업 발전을 위해 바람 직하다고 생각하기 때문이다.

소비자들의 사고방식 바꾸기

우리가 최근 맞닥뜨린 과제 중 하나는 신선도의 중요성과 연관하 여 미국 소비자들의 사고방식을 바꾸는 것이다. 우리는 매일 갓 구운 도넛, 머핀, 크루아상 등 신선한 식품을 생산할 수 있는 인프라를 마련했지만, 소비자들은 여전히 매장에 들어와 포장된 제품을 고른다. 소비자들은 유통

기한이 길수록 더 좋은 상품이라고 인식한다. 따라서 매일 만들어내는 신선한 빵보다는 포장된 제품을 선호한다.

우리는 패스트푸드의 대안으로 더욱더 위생적이고 신선함을 강조한 새로운 음식 사업에 주력하고 있다. 가령 오늘 상추와 토마토를 곁들인 칠면조 치즈 샌드위치를 만들어 24시간 동안 진열한다고 하자. 소비자는 이것을 집어 들었다가 오늘로 유통기간이 끝난 것을 확인한 후 옆에 진열된 7일 동안 보관할 수 있는 샌드위치가 더 낫다고 생각하게 된다. 우리는 소비자들의 이런 고정관념으로부터 새로운 소비심리를 창출해야 한다. 즉 신선함은 좋은 것이며, 유통기간이 24시간인 칠면조 치즈 샌드위치가 7일용 포장 샌드위치보다 훨씬 더 신선하다는 것을 소비자에게 입증시킬 수만 있다면, 소비자는 이에 호응할 것이다.

발 전 을 위 한 모 험

책임 있는 의사결정은 제품 관리와 홍보를 하면서 발생할 수 있는 위험 요소를 최소화하는 데 도움을 준다. 투자자인 주주들이 감당해야 할 위험 요소를 최소화하기 위해서는 충분한 시장조사와 분석이 필요하다. 사업은 투자를 해야만 성공할 수 있는 것이며, 투자를 하려면 신중히 생각하고 판단해야 한다. 그렇다고 위험을 두려워할 필요는 없다. 우리가 위험을 피하려고 한다면, 성장은 기대할 수가 없을 것이다. 세븐일레븐의 장점 중 하나는 2만 5,000여 개의 모든 상점을 실험실로 이용한다는 것이다.

한 상점에서 실시한 방법이 성공적인 결과를 거두면, 우리는 이 방법을 전 세계의 다른 상점에 적용시켜보고 세계적으로 성공할 수 있을 것인지, 아니면 국내에서 성공할 수 있을 것인지, 혹은 지역적인 시장에서만 성공할 것인지를 판단한다.

지난 수년간 많은 소매상들은 공급자들에게 의존해왔다. 소매상들은 자신들의 귀중한 상품 진열 공간을 포기함으로써 소매업을 부동산업으로 전환시키고 말았다. 소매상들은 공급자들에게 선반 공간을 진열권 형태로 판매했다. 이렇게 되면 궁극적으로 소비자들의 수요 충족을 위해 소매상들이 관리해야 할 공간은 줄어들게 된다. 다시 말해 소매상들은 그들만이 가질 수 있는 특권이나 권력을 공급자나 생산자에게 주고 있는 것이다. 문제는 우리가 소매업을 하는가, 부동산업을 하는가이다. 훌륭한 소매상들은 자신들이 소유한 선반 공간 운영에 대해 그 누구보다 현명한 판단을 내릴 수 있어야 한다. 나는 이런 선반 공간 운영에 대한 결정권을 소비자와 가장 쉽게 접촉할 수 있는 각 매장 운영자들의 손에 쥐어주려고 노력하는 중이다.

큰 박스와 작은 박스

언제나 대형 소매업이 좋은 것만은 아니다. 대형 슈퍼마켓과 할인 매장은 대량으로 상품을 구매할 수 있는 이점이 있지만 소비자들은 여전히 편리함을 원한다. 편의점은 양질의 상품과 가치를 유지하면서 지역

내 소비자들의 요구에 민첩하게 대응할 수 있다.

또한 편의점 직원들은 갈수록 각박해지는 세상에서 고객들과 인간적인 관계를 맺을 수 있는 여건을 만들어낼 수 있다. 일반 백화점과 식품점은 가격 면에서 세계적인 월마트와 경쟁할 수 없고, 편리함과 서비스 면에서는 소비자와 쉽게 접촉할 수 있는 세븐일레븐과 경쟁할 수 없기 때문에 결국에는 경쟁력 면에서 뒤떨어지게 될 것이다.

성공의 열쇠인 끊임없는 변화

어떤 소매업이든, 성공의 비결은 소비자들의 욕구를 파악하는 것이다. 말은 쉽지만 이를 실행하는 것은 쉽지 않은 도전이다. 가치에 대한 정의는 사람마다 다르다. 어떤 이에게 '가치'는 금전적인 것일 수도 있고, 우리와 같은 사람들에게는 편리성과 유용성이라고 정의내릴 수 있다. 또 다른 이들에게 가치는 브랜드와 신선도가 될 수도 있다. 우리는 소비자의 욕구를 충족시켜 경제적 이익을 가져다줄 가치가 무엇인지에 대해 정의를 내려야 한다.

아마도 소매업에서 가장 중요한 것은 끊임없이 변화할 수 있는 능력이다. 소비자의 욕구에서 영원한 것은 단 하나인데, 그것은 소비자의 욕구는 계속 바뀌고 있으며 앞으로도 지속적으로 변화할 것이라는 사실이다. 우리는 맥주, 소프트 음료, 혹은 육포 등을 판매함으로써 소비자에게 다가간다는 과거 개념보다 '편리함'이 좀 더 폭넓은 연령층과 더 많은 지역 사람들에게 다가가야 한다는 것을 깨달았다. 따라서 우리는 충전된 전화카드부터 인터넷뱅킹, 신선한 음식에 이르기까지 소비자에게 편리함을 제공할 수 있는, 즉 예전에는 생각조차 하지 못한 다양한 상품과 서비스를 제공하고 있다.

간단히 말하면 성공은 주식의 가치를 높이는 것이다. 여러 가지 이유 때문에 소매업은 투자자로부터 외면당해왔다. 만약 소매업이 새로운 방법을 통해 투자 자금에 대한 이윤을 늘리고 지속적으로 성장할 수 있다면, 투자자들은 좀 더 적극적인 소매업 후원자가 될 것이고, 이 산업이 번성하도록 도울 것이라 믿는다. 이렇듯 새로운 방법을 찾는 것은 우리 소매업체가 시작해야 할 일이다. 되도록 함께, 우리의 산업을 개선해나가야 한다. 앞으로 우리 모두를 위해 더욱 활기차고 건강한 소매업 환경을 만들고 싶다. 마지막으로, 시시각각으로 변화하는 소비자들의 요구에 대응해야 한다는 과제야말로 내가 소매업을 즐기는 이유이며 소매업을 역동적이고 매력적으로 만드는 요소다.

제임스 W. 키이스 James W. Keyes

제임스 키이스는 세계에서 가장 규모가 큰 편의점 소매업체인 세븐일레븐의 사장이자 CEO이다. 2000년에 현 직책에 오르기까지 상급 관리직을 담당했다. 그는 1985년에 세븐일레븐의 전(前) 자회사인 시트고 석유(Citgo Petroleum)의 마케팅 및 비즈니스 전략담당 매니저로 입사했다. 이듬해 세븐일레븐의 국내 휘발유 부문

담당 매니저가 되어 미국과 캐나다의 휘발유 소매 사업에 대한 책임을 맡게 됐다. 1991년도에는 국내 휘발유 부서의 부회장으로 임명됐다. 세븐일레븐에 입사하기 전에는 걸프 석유회사(Gulf Oil Corporation)의 여러 부서에서 근무했다.

키이스는 1992년에 재정임원을 역임하고, 1995년에는 최고재정임원으로 임명됐다. 그는 1997년도에 이사회의 이사로 선출됐고, 1998년에는 부사장 겸 최고운영책임자로 승진했다.

근면한 청년들에게 고등교육을 제공함으로써 잠재된 능력을 발휘하도록 돕는 에듀케이션 이즈 프리덤(Education is Freedom)의 설립자이며, 사이프(Students in Free Enterprise: SIFE), 근위축증협회(the Muscular Dystrophy Association: MDA), 다음 세기를 위한 라티노 이니셔티브(Latino Initiatives for the Next Century: LINC), 보이즈 앤 걸즈 클럽(the Boys and Girls Club) 이사회의 이사로 재직 중이다. 또한 미국 편의점 협회(the National Association of Convenience Stores: NACS) 이사회의 이사로 재직하고 있다. 그는 여성 임원 네트워크(the Network of Executive Women: NEW)에서 '업무촉진(promote diversity in the workplace)' 공로로 표창을 받았다. 댈러스 상공회의소(the Greater Dallas Chamber for Commerce)의 임원, 댈러스 시민위원회(Dallas Citizens Council) 임원, 서던 메소디스트 대학의 콕스(Cox) 비즈니스 스쿨의 임원, 댈러스 심포니 협회(Dallas Symphony Association)의 회장으로 댈러스 지역사회에서 다양한 리더십을 발휘하고 있다.

키이스는 미국 매사추세츠 주의 우스터에 있는 홀리 크로스 대학에서 미술 학사학위를 받았고, 대학의 파이 베타 카파 오너 소사이어티(Phi Beta Kappa honor society) 회원이었으며, 1977년도에 우등생으로 졸업했다. 또한 런던 대학에서 수학했으며, 뉴욕 시의 컬럼비아 대학교에서 경영학 석사학위를 받았다.

세븐일레븐은 편의점 소매업계에서 가장 오래되고 가장 규모가 큰 체인점이다. 텍사스 주 댈러스에 본사를 둔 세븐일레븐은, 미국과 캐나다에만 약 5,800개, 전 세계 17개국에 1만 9,500개의 매장이 있으며 2002년 한 해 동안 전 세계 매장에서 330억 달러 이상의 매출을 올렸다. 더 자세한 정보는 www.7-Eleven.com에서 확인할 수 있다.

성공적인 온라인 소매상

R. 휘트니 앤더슨 R. Whitney Anderson

머더네이처닷컴(MotherNature.Com) 회장, CEO

온 라 인 소 매 업 : (매 우) 간 결 한 역 사

1990년대에 온라인 소매업이 매력적인 사업이 될 수 있었던 기회가 있었다. 하지만 과장 보도가 쏟아지면서 기회는 퇴색했고, 온라인 소매업을 성공적으로 이끌 수 있는 요소가 떠들썩한 언론에 가려졌다. 온라인에 관련된 새로운 용어가 사용됐고, 비즈니스 전문용어로도 인정됐다. 유례없을 정도의 자본이 온라인 신생기업으로 몰려들었고, 이와 맞물려 주식값은 폭등했다. 마치 소매업의 기존 규칙 대부분이 적용되지 않는 새로운 세상이 생겨난 것 같았다.

불행히도 대부분의 사람들이 기존 규칙의 중요성을 깨닫기 위해 쓰라린 경험을 감내해야 했다.

모든 과장 보도가 사라지고 벤처 자본시장이 고갈됐을 때, 많은 온라인 소매업체는 문을 닫을 수밖에 없었다. 이 광적인 500억 달러 이상이 소요된 상업적인 실험에서 우리는 어떤 교훈을 얻을 수 있었는가? 사업의 성공과 실패는 새로운 지식이나 규칙에 따라 결정되는 것이 아니라, 기존 규칙을 새로운 환경에 어떻게 적용하느냐에 달려 있다는 교훈을 얻을 수 있었다. 온라인 소매업에서도 미숙한 경영, 계획적이지 못한 지출, 비현실적인 기대는 오프라인에서와 마찬가지로 실패로 가는 지름길이다.

실제로 이윤을 추구한다는 관점에서 보면 온라인과 오프라인 소매업에는 차이점이 없다. 수익을 올리기 위해서는 철저히 고객 중심의 경영을 해야 한다. 고객이 원하는 상품을 팔아야 하며, 많은 고객을 확보해야 한다. 그리고 당신의 경쟁자가 지금 무엇을 하고 있는지 항상 예의 주시해야 하며, 최상의 서비스를 경쟁자보다 더 저렴한 가격으로 제공해야 한다. 즉 온라인 소매업체들은 사업의 특성이 오프라인 사업의 특성과는 다르다고 말할지 모르지만, 근본적으로 소매업의 기본은 지금이든 앞으로든 여전히 변함없다.

덧붙여 중요한 점은 빠른 속도로 변화하는 시장에 대응하고 많은 정보를 관리하기 위한 새로운 기술과 방법이 온라인 소매업이 진행되는 동안 개발됐다는 것이다. 따라서 1990년대의 온라인 사업 실패를 성급하게 만회하려고만 한다면 이때 개발된 기술과 방법은 사라지게 된다. 속담처럼 아기를 목욕시키고 목욕물을 버릴 때 아기를 같이 버려서는 안 된다는 것이다. 실패를 타산지석(他山之石)으로 삼아 필요한 것은 받아들여야 한다. 온라인 사업을 하면서 만들어진 많은 기술과 방법은 지속적으로 개발되어야 한다. 사실상 이러한 방법과 기술은 현재 효과적인 사업 기술로 자리 매김하고 있다.

데이터마이닝과 분석(Data Mining and analysis), 역동적인 반응과 시장조사(dynamic response and test marketing), 고객과 서로 상호작용하는 서비스(interactive customer service), 협력적인 촉진 기술(viral and cooperative promotional techniques)은 모두 성공한 온라인 소매상들이 사용하는 표준 기술이 됐다. 현명한 온라인 소매업자들은 이런 기술을 오프라인에서 이용하는 기술과 같이 사용하면서 장기 고성장을 추구하는 사업 모델을 사용하는 사람들이다.

성공적인 온라인 소매업 전략을 수립하기 위해서는 앞에서 말한 기술을 이용할 수 있는 능력이 있어야 한다. 능력이란 얼마나 빠른 시간 내에 주어진 많은 정보 속에서 필요한 정보를 분석하고, 새롭고 창의적인 것을 만들어낼 수 있느냐 하는 것이다. 고객 개개인의 욕구를 이해할 뿐만 아니라, 욕구를 예측할 수 있는 능력이 성공의 열쇠다. 당연하게도 완벽히 동일한 기업은 존재하지 않는다. 따라서 각 소매상들은 성공할 수 있는 나름의 길을 찾아야 한다. 어떤 기업은 전문적인 제품 라인에 온 힘을 다할 것이고, 어떤 기업은 틈새시장을 목표로 하며, 머더네이처닷컴(MotherNature.com) 같은 기업은 자신들만의 독특한 소매업 운영을 통해 고객을 위한 새로운 서비스를 제공한다.

머 더 네 이 처 닷 컴: 우리의 강점을 발휘하기

생존자의 이야기

　머더네이처닷컴(MotherNature.com)은 온라인에서만 운영하는 소매업체로 판매상품의 반이 비타민과 약초를 비롯하여 동종요법 약품까지 건강에 관련된 것이다. 나머지 반은 천연재료를 이용한 목욕과 미용, 운동과 몸매 관리(요가와 같은) 등 개인을 위한 제품이다. 이렇게 다양하고 많은 제품은 고객이 건강을 유지할 수 있도록 도움을 준다. 이런 제품 라인 외에도, 머더네이처닷컴은 일반 대중에게 큰 규모의 건강도서관을 개방하고 있다. 누구든지 건강과 관련된 수천 가지 고민에 대해 검색해보고, 건강과 관련된 문제를 예방하고 치료할 수 있는 가장 좋은 방안을 찾아볼 수 있다.

　머더네이처닷컴은 많은 역경을 딛고 창립 8년째를 맞이하고 있다. 처음에는 머더네이처스 제너럴 스토어(MotherNature's General Store)라는 이름의 오프라인 '자연건강기능식품 매장'에서 시작했지만, 1995년부터는 온라인 소매업으로 전환했다. 창업 투자자들로부터 자금을 투자받고, 1999년에는 일반인에게 기업의 지분을 파는 최초기업공개(Initial Public Offering: IPO)를 통해 총 1억 4,000만 달러의 자본을 확보할 수 있었다. 하지만 몇 년 동안 지속된 급성장에도 불구하고 수익보다는 경비가 더 많이 지출되는 결과를 초래했다. 210명이나 되는 직원들과 고정적으로 지출되는 비용, 치열한 경쟁, 적은 이윤 등을 고려할 때 더 이상의 수익을 낼 수 없다고 판단한 경영진들은 2000년 12월에 차라리 회사의 자본을 투자자들에게 나눠주고 파산을 선언하는 편이 최선이라는 의견을 냈다. 하지만 브랜드에 대한 확신은 우리(the Naturalist Network)에게 용기를 북돋아주었다. 우리는 다시 자본을 모으고, 웹사이트를 개설해서 사업을 재개했다. 완전히 다른 사업 모델을 세워, 비전략적인 부분은 외주를 주는 등 간결하면서도 효율적인 기반을 구축했다. 3만 개에 달하던 품목을 8,500개로 축소시키고, 일반 소매업에 적용되던 많은 '기존' 규칙을 활용하여 3개월 만에 회사 재정을 흑자로 전환시킬 수 있었다.

우 리 의 경 영 전 략

쓰라린 경험에서 배운 것은, 온라인 소매업 조직은 어떠한 변화에도 쉽게 적응하고 빠르게 반응할 수 있는 유연성이 필요하다는 것이다. 이를 위해 우리는 대체적으로 수평적인 경영 구조를 선호한다. 마흔 살 이상의 나이 차이가 나고, 각기 다른 견해와 기술을 지닌 기술자, 마케팅 책임자, 운영자 모두가 한자리에 모여 앞으로의 계획을 세우고 의견을 교환하는 식으로 그룹의사를 결정하는 것이 우리가 추구하는 조직구조다. 그룹 의사결정을 하는 조직 환경은 경영진에게 더 많은 동기를 부여함으로써 경영진들이 더욱 활동적으로 움직일 수 있게 하며, 우리의 목표를 달성하는 데 효율적이고도 유연하게 대처할 수 있게 도움을 준다.

생각할 수 없을 정도로 빠르게 변하는 온라인 시장에 적응하기 위해서는 앞에서 말한 조직구조가 필수적이다. 오프라인 매장 하나를 개점하려면 적어도 2년 동안의 준비 과정이 필요하다. 매장의 콘셉트, 현지 시장조사, 입지 선정, 임대, 매장 인테리어, 상품 구입, 개장 준비 등 많은 일을 처리해야 한다. 하지만 온라인에서는 이러한 준비 과정이 6개월 내에 이루어진다. 이렇게 빠른 시간 내에 모든 것이 이루어지는 사업 환경에서는 협력적인 그룹 의사결정은 필수적이다.

경영을 하는 데 또 다른 중요한 요소는 경영진 모두가 최고의 지식을 갖추는 것이다. 정보는 사업의 핵심이기 때문에 되도록 많은 정보를 소유하려고 노력한다. 우리가 알고 있어야 할 가장 기초적인 정보로는, 어떤 상품이 왜 잘 팔리는지, 반면에 판매가 저조한 상품은 무엇이며 이유는 무엇인지, 현재 시장의 흐름과 최근 뉴스, 연구 결과는 우리 사업에 어떤 영향을 끼치는지, 고객이 원하는 상품은 무엇인지 등이 있다. 사실상 시장에는 매일매일 바뀌는 수백 가지 변수가 존재한다. 하지만 우리는 정보를 분석하고 측정하여 시장에서 일어나는 현재뿐 아니라 앞으로의 변화도 예측할 수 있다. 따라서 우리는 무척 많은 양의 에너지와 경영 자원을 정보 관리에 투자한다.

우리는 경영전략을 수립하기 위해 설문조사에서 표적집단(focus group)으로부터의 자료수집, 고객에게서 듣는 직접적인 피드백 등 사용할 수 있는 모든 방법을 동원한다. 100만 명이 넘는 거대한 고객층을 관리하기 위해서는 고객의 끊임없는 피드백이 중요하다. 웹사이트상에서 고객들이 우리에게 말하는 칭찬이나 불만을 토대로 고객들에게 좋은 서비스를 제공하기 위해 항상 최선을 다한다. 우리는 어떠한 불평이라도 들으려고 노력한다. 소매업체가 1,000개의 상품을 관리하든지 많게는 3만 5,000개의 상품을 관리하든지 간에, 소비자가 원하는 물건을 정확히 찾아 전달하는 일을 완벽히 처리하기는 매우 어렵다. 따라서 우리는 고객전담 자문팀을 운영하고 있을 뿐만 아니라 오프라인 소매업 전문가들로부터 많은 조언을 듣고 있다. 또한 고객의 피드백과 전문가의 자문을 통해 온라인상에서 우리가 해야 할 일을 꾸준히 개선해나가고 있으며 시장의 변화에 대응하기 위해 노력하고 있다.

결과적으로 유연하고, 적응이 빠른 의사결정 조직체계를 기반으로 철저히 정보를 분석하고 과거의 경험을 통해 변화하는 시장에 재빨리 대응하며 우리에게 주어진 기회를 최대화할 수 있는 조직을 만들 수 있었다. 이러한 경영전략은 안정감 있게 지속적으로 사업할 수 있게 도왔고, 매달 평균 20% 이상 고성장하는 데 원천이 됐다. 그러나 할 일은 아직도 많이 남아 있다.

앞으로 나아가기 : 우리의 목표

경쟁력 있는 다른 온라인 소매업체와 마찬가지로, 우리의 제일 목표는 회사의 성장과 현금흐름을 최대화하는 것이다. 두 번째는 제일 목표를 달성하기 위해 매달 20%의 성장률을 유지하는 것이다. 이러한 목표는 사업의 가치를 평가하는 가장 현실적인 방법이다. 고정적인 수입과 현금흐름 없이는 진정 안정된 사업이라고 볼 수 없다. 만약 현금흐름을 충분히 확보할 수 있다면 어떠한 어려움이 닥쳐도 견고하고 안정적으로 사업을 지속할 수 있다. 궁극적으로 현금흐름은 우리의 사업을 위해 가장 중요한 요소다. 충분한 현금흐름은 우리의 가치를 높이는 데 도움을 준다. 고객이 구매한다는 것은 현금흐름에 기여하는 것이며, 현금흐름의 증가는 지속적인 성장을 확신하게 한다.

우리 사이트에 대한 고객의 체험과 만족도를 측정할 수 있는 구체적인 방법을 사용하는 것은 매우 중요하다. 이러한 방법은 우리가 중점적으로 육성해야 할 분야에 전력을 다하는 데 많은 도움을 줄 뿐만 아니라, 사업을 위해 다양한 분야를 측정하는 데 활용될 수 있다. 예컨대 일반적인 재구매 고객과 처음 방문하는 고객의 구매 성향을 분석해서 양질의 서비스를 고객에게 제공할 수 있고, 키워드 하나로 각 상품의 재고를 분석하고 향후 필요한 재고량을 준비할 수 있기 때문에 재고량 부족을 미연에 방지할 수 있다. 우리는 여러 가지 측정 방법을 통해 재정과 운영 상태를 점검하고, 개인 고객을 위한 판매촉진, 머천다이징, 마케팅, 고객 서비스에 대한 노력이 성공적으로 진행됐는지를 분석할 수 있다. 이러한 측정 방법을 통해 얻어낸

통합적인 결과물은 우리가 고객을 위해 제대로 일을 하고 있는지, 목표하는 방향이 올바른 것인지 판단하게 해준다. 우리의 목적은 능력을 꾸준히 발전시키고, 고객들의 불만을 최소화하고 개선하는 것이다.

무형자산이라는 측면에서 좀 더 강조를 하자면, 우리의 목표는 고객들이 가장 선호하고 믿을 만한 자연건강 상품에 관련된 정보를 인터넷을 통해 제공하는 것이다. 이를 위해 현재 우리가 보유한 정보는 우리의 최대 자산이라고 할 수 있다. 이러한 정보를 수집하고 관리하기 위해서는 많은 비용이 뒤따르게 마련이다. 지난 5~6년 동안 우리는 화학약제를 전혀 사용하지 않은 자연요법 관련 정보와 타 기관으로부터 믿을 만한 정보만을 수집했다. 이러한 노력은 우리가 이 분야에서 경쟁우위를 창출할 수 있는 원동력이 됐다. 어떤 고객이 자연요법에 대한 궁금증이 있다면, 우리가 소유한 정보를 이용하여 궁금증을 풀 수 있다. 중요한 점은 우리 회사(MotherNature.com) 자체가 해법을 제공하는 대신에, 궁금한 분야와 관련된 가장 객관적이고, 믿을 만하며, 가치 있고, 인증된 정보만을 제공함으로써 고객들이 궁금증을 스스로 해결할 수 있다는 것이다. 이러한 이유로 많은 사람들은 자신들의 건강을 위한 정보를 찾기 위해 우리 사이트를 방문하고 이것은 구매로 자연스럽게 이어진다. 우리 비즈니스 모델의 가장 중요한 첫 번째 요소는 정보이고, 둘째는 다양하고 폭넓게 상품 구색을 갖추는 것이다. 이에 반해 우리의 경쟁자들은 할인 가격이나 브랜드를 비즈니스 모델의 중요한 요소로 생각한다. 이러한 모델을 이용해 성공하는 소매업을 간혹 볼 수 있지만, 가격과 브랜드만을 이용한 비즈니스 모델은 안정적이지 못하다.

온라인 소매상의 10가지 성공 요소

인터넷에는 수백 아닌 수천의 실패한 소매업체가 있다. 실패의 원인은 여러 가지로 분석된다. 무분별하다든지 과도한 자만심, 치밀하지 못한 계획, 상상을 초월하는 엄청난 자금의 무계획적인 지출 등이 실패의 원인이다. 다시 말하지만 많은 이들은 기존 오프라인 소매업 규칙이 온라인 시장에는 적용되지 않는다고 생각한다. 페츠닷컴(Pets.com)이나 코스모닷컴(Kosmo.com)은 수익을 위해 치밀하지 못한 장사를 하다가 한 달 만에 수백만 달러를 허비하는 결과를 초래했고, 다른 온라인 소매업들은 아마존 모델을 무조건 따라하려다가 낭패를 당했다. 아마존 모델을 그대로 적용하려 한 이들은 다양한 상품의 판매와 제품공급 라인을 확장하는 데 급급했고 또 수백만 달러를 투자해서 자사의 브랜드 가치를 높이는 데만 주력했다. 이들은 이러한 투자가 장기적으로는 이윤을 창출할 것으로 기대했다. 사실 아마존이라는 유명한 예외를 제외하고는 이 모델을 추구해서 성공한 케이스는 몇 안 된다. 바이닷컴(Buy.com) 같은 업체는 창립취지서에서 "우리는 우리 제품의 상당한 부분을 매우 낮은 가격에 판매한다"고 했다. 하지만 결과적으로 아주 적은 이익을 남겼고 심지어는 손해를 봤다. 바로 이것이 많은 온라인 소매업체가 추구하는 고전적인 '1달러를 80센트 받고 팔기' 모델이다. 불행히도 이러한 방법은 이윤을 창출하지 못했다. 의류업체인 부닷컴(Boo.com)은 무분별하고 경험 없는 매니저에게 과도한 현금 관리를 맡김으로써 1억 3,000만 달러를 낭비하는 결과를 초래했다. 결과적으로 많은 온라인 소매업체들은 수십억 달러를 온라인에 투자했지만 말 그대로 모두 실패했다. 여기서 얻을 수 있는 교훈은 신중함에 관련된 것이다. 사업의 본질적인 동력은 바뀌지 않는다. 당신이 ≪포춘≫ 선정 500대 기업의 온라인 매니저이건, 사업 구상으로만 무장된 기업가이건, 현실적이고 세밀한 전략과 이에 따른 절제된 지출이 톱니바퀴같이 잘 맞물려 돌아갈 때 성공을 위한 제일의 청사진을 만들 수 있다.

01 재정적 절제부터 시작하라

회사원들, 특히 기업가들은 일반적으로 낙천적이거나 망상적인 성격 사이를 오간다. 이러한 성격의 소유자들은 대체로 어려운 상황이 발생했을 때 모든 일을 희망적으로 밝게 생각하기 때문에 문제를 쉽게 극복할 수 있다는 장점이 있지만, 그들의 기대와 비전만큼 수치가 높지 않을 경우에 판단력과 재정적 절제력이 흐려지는 약점이 있다.

수많은 경험에서 얻은 나의 최고의 조언은 재정적 통제력에서부터 시작하라는 것이다. 비즈니스 모델과 시장을 시험하기 위해서는 초기 투자에 대한 명확한 이해와 정확한 예산을 책정해야 한다. 그리고 책정된 예산이 적절한 곳에 한 푼의 낭비도 없이 사용되도록 매우 엄격하게 통제해야 한다.

기업가들은 비전을 실현하기 위해 자본을 제대로 구축하지 못한 상태에서 기업을 시작하고, 시장이 호황을 누릴 것이라는 기대 속에 과잉투자를 하며, 특히 조사도 하지 않은 불확실한 시장에서 홍보를 한다고 마케팅 예산을 지출하는 것은 매우 쉬운 일이다. 이러한 기업가들은 더 많은 투자자를 찾기 위해 시장에서 계속 노력하지만 결국에는 모든 것이 헛되이 수포로 돌아가는 결과를 초래하게 된다.

1원을 사용하더라도 세부적인 예산안을 세우고, 매우 절제하면서 그 예산안을 고수해야 한다. 현실적인 투자수익(ROI)이 책정되어야 하며, 뜻밖의 시장 변동에 대비하며, 또는 당신의 전임자들이나 경쟁업체가 이미 경험한 문제에 대응하기 위한 대책을 마련해야 한다. 이 조언은 머더네이처닷컴을 운영하는 데 많은 도움이 됐고, 실패한 온라인 소매업들의 전철을 밟지 않는 데 도움이 됐다.

02 발상을 철저하게 시험하라

내 생각으로는, 인터넷이 지닌 매력은 인터넷 자체가 시장조사 수단이 된다는 것이다. 온라인 소매업자들은 자신들의 상품을 소비자에게 판매하기 전에 마케팅 접근방법, 판매촉진 등을 인터넷에서 시험해볼 수 있다. 이는 꼭 기억해둘 진실이다. 인터넷을 이용한 시장조사는 댈러스(Dallas) 교외에 사는 두 아이의 어머니와 도시에 사는 독신여성의 구매 취향은 분명히 다르다는 것을 파악하는 데 도움을 준다. 온라인 소매업은 만족할 만한 전략을 찾을 때까지 다양한 전략을 시험하는 것이 용이한 데도 불구하고 많은 온라인 소매업이 실패를 거듭하는 것을 보면 놀랍다. 당신이 가장 알맞은 상품 구성을 찾고 전체 계획을 시험해보기 전에는 큰돈을 쓸 필요가 없는 것이 온라인 사업이다. 이는 오프라인 상점에서는 시도조차 할 수 없다. 오프라인에서는 전체적인 계획과 올바른 상품 구성을 위한 시장조사에 반드시 막대한 비용이 들어가기 때문이다. 물론 온라인에서 시장조사를 한다는 것도 쉽지는 않지만 충분한 가치가 있기 때문에 인터넷을 이용한 시장조사는 필수적이다. 온라인 소매업에서 인터넷을 이용한 시장조사는 가장 효과적이고 비용을 최대한 절감시킬 수 있는 방법이다. 사실상 이러한 인터넷을 이용한 시장조사는 수백만 달러의 비용을 절감하게 하며, 온라인 사업이 성공할 수 있는 가능성을 높여준다.

03 예측 가능하고 유연한 공급사슬을 구축하라

재고와 창고 관리는 온라인 소매업을 하는 데 가장 큰 골칫거리다. 이 두 가지 문제를 해결하고 사업을 잘하기 위해서 몇 가지 고민할 것이 있다. 제일 먼저 올바른 상품 구성을 하고 이 상품에 대한 가격 절충을 공급자들과 해야 한다. 사실상 이는 모든 사업의 기본이지만 온라인 소매업 분야에서는 특히 신경 써야 할 부분이다. 또 다른 중요한 요소는 적정 수준의 재고를 마련해두는 것이다. 고객이 원하는 상품이 무엇인지 정확히 알고, 이 상품을 고객이 원하는 장소에 빠르고 안전하게 배송할 수 있느냐 하는 것은 성공과 실패를 판가름하는 중요한 요소다. 공급자가 당신의 제품을 언제 제조하고 인도할 수 있는지를 예측하고, 고객이 주문한 상품을 고객이 원하는 시간에 배송할 수 있게 보장해야 한다. 만약 앞에서 말한 이러한 요소를 제대로 관리하지 못했을 때는 상품이 품절되거나 주문한 상품과 전혀 다른 상품이 배달되든가, 주문한 상품 중 일부분만 배달되는 문제가 발생하며 결국에는 불만 가득한 고객을 양산하게 된다. 따라서 어떤 수단과 방법을 동원하든 한 번의 배송으로 고객을 만족시켜야 한다. 비효율적인 고객 주문처리, 배송, 재공급 비용으로 많은 온라인 소매업체들이 파산하는 것을 볼 수 있다.

만약 당신이 현재 상점을 운영하고 있고 재고 중에서 상품을 고를 계획이라면 시작은 훌륭하다고 할 수 있다. 하지만 또 다른 독특한 고민에 직면하게 된다. 특정 상품을 지속적으로 판매하기 위해서는 제조업자들이 단 하나의 제품이라도 당신에게 신속하게 배달해줄 수 있어야 한다. 만약 당신이 온라인상에서 예전에 예외적으로 성공을 거둔 판촉행사를 다시 하고 있고, 만족한 고객 중 한 명이 그 판촉행사를 인기 있는 게시판에 홍보한다면 재고가 하루 만에 품절될 수도 있기 때문이다.

만약 당신이 창고를 만들고, 재고를 채우고, 창고에서 물건을 고르고, 포장할 직원을 채용할 정도로 용기가 있다면, 당신이 먼저 생각해야 할 문제는 자본금이 충분한지 여부다. 너무 적은 자금으로 시작하거나 사업을 하면서 자금을 확보하려는 생각은 금물이다. 온라인 시장에 대해 투자자들은 생각만큼 관대하지 않으며, 자금 확보는 예측할 수 없을 정도로 어렵다.

04 당신의 기술적인 기반을 현명하게 선택하라

《포춘》 선정 500대 기업뿐만 아니라 이제 막 시작하는 회사라고 해도 온라인 비즈니스를 위한 기술과 서비스만을 제공해주는 제3의 업체들로부터 기술적인 기반을 제공받을 수 있다. 온라인 사업에서 기술적인 기반이라는 것은 오프라인의 내부 인테리어, 배관, 전기, POS 시스템과 동일하다. 온라인 사업을 시작하기 전에는 이러한 기술적인 기반을 면밀히 검토해야 한다. 판매를 시작한 뒤에 기술적인 기반을 변경하려면 많은 비용이 들기 때문에 온라인 소매업체를 시작하는 이들이나 기업이라면 이를 면밀히 조사해야 한다. 기술적인 기반에 대한 검토는 온라인 사업의 성공을 위한 가장 기초적이며 필수적인 요소다.

05 측정 가능성을 높이라

철두철미한 시장조사를 통해 상품에 대한 수요를 확신하고 개점하라. 첫 달에는 한 개 혹은 1,000개의 제품을 판매할 정도로 판매량을 예측하기가 힘들 것이다. 온라인과는 다르게 우프라인 상점의 판매실적은 언제나 상점 주위를 오가는 사람들의 통행량에 달렸기 때문에 온라인처럼 판매량 예측이 어렵지는 않다. 오프라인 소매상들은 누군가를 상점 주위에 배치하여 하루나 일주일간 통행하는 보행자와 차량을 헤아림으로써 기대 고객 수를 쉽게 분석할 수 있다. 하지만 온라인에서는 내달 또는 내년의 고객 방문 횟수를 예측할 수 있는 방법이 별로 없다. 다행히도 오프라인에서 고객을 좀 더 수용하기 위해 매장을 확장하는 것보다 온라인에서 컴퓨터 서버 용량을 늘리는 것이 좀 더 용이하다는 것이다. 여기서 명심해야 할 것은 '신중함'이다. 작게 시작하고 점진적으로 늘려간다면 당신은 성공을 보장받을 것이다.

　　부족한 자금으로 발생되는 첫 번째 문제는 고객 사생활의 노출과 부적절한 보안 관리다. 해리스 인터랙티브(Harris Interactive)의 여론조사에 따르면, 온라인 소비자 90%가 그들의 개인 신상 정보에 대해 염려하고 있다. 그리고 69%는 그들의 개인 정보가 어떻게 수집되고 온라인 회사에 의해 어떤 용도로 이용되고 있는지 전혀 알 수 없다고 답했다. 그 수치는 놀라울 정도다. 고객의 사생활과 구매 정보에 대한 기밀을 지키는 것은 고객과의 관계를 건실히 하는 데(Customer Loyalty) 필수적이다. 특히 온라인 소매업체들은 고객들이 무엇을 구매하는지에 대한 비밀 보장뿐만 아니라 고객들이 거래를 완료할 때까지 보안을 책임지는 것을 매우 중시해야 한다. 해커들이 영리해질수록 보안을 유지하기가 점점 더 어려워지겠지만, 어찌됐든 그에 따라 고객의 모든 정보를 100% 안전하게 보장하는 일은 더욱 중요해진다.

　　온라인상에서 보안을 유지하는 것은 주로 기술적인 문제다. 보안 시스템을 검사하고, 시험해보고, 재시험할 수 있는 비결(knowhow)을 익힌 인력으로 이루어진 팀을 구성하는 것은 필수적이다. 허가받지 못한 사람들이 당신의 정보에 접근하려 할 경우, 최소한 당신에게 곧바로 위험신호를 보낼 수 있는 보고체계를 갖춰야 한다. 정보의 일부를 각각의 방화벽 뒤에 두고 신용카드 정보는 따로 관리함으로써 위험을 최소화할 수 있다. 다른 온라인 소매상들의 보안이 침해된 사례는 많다. 해커들이 몇 초 만에 훔친 정보를 범죄자들은 재빠른 행동으로 퍼뜨리고 사용한다. 훔친 정보를 얼마나 빨리 매매하는지, 정말 놀라울 정도다. 온라인 소매상은 고객의 사생활 보호와 보안을 100% 보장해주어야 한다. 신용과 신뢰가 온라인 소매업의 기초라는 것을 명심해야 한다. 신용과 신뢰 없이는 성공적인 온라인 기업을 구축하기 어렵다.

 고객 서비스에 초점을 맞추라

고객만족을 위해 가장 중요한 것이 고객 서비스지만, 반면에 가장 간과하는 부분도 바로 이 고객 서비스다. 온라인 소매업에 종사하는 사람이라면 누구든지 훌륭한 고객 서비스 방법을 개발해야 한다. 쉽게 찾아볼 수 있는 1~800(무료통화)이라는 숫자는 고객들이 원할 때 연락할 수 있고, 고객의 의견과 제안을 경청할 수 있는 훈련된 사람과 통화할 수 있다는 확신을 주어야 한다. 많은 기업이 총체적 사업에서 이 부분을 외주로 해결하지만, 온라인 소매업체라면 이 부분의 중요성을 분명히 인식하고, 기꺼이 투자하여 자체적으로 제대로 운영하는 것이 중요하다.

고객 서비스를 담당한 직원 교육도 무척 중요한 일이다. 그들은 고객들이 만족할 수 있게 서비스를 제공해주어야 하고, 이러한 만족을 통해 고객들이 재구매할 수 있게 유도해야 한다. 일반 고객을 단골로 만드는 것은 당신이 얼마나 능력 있는 고객 서비스 직원을 고용했고 교육을 잘 시켰느냐에 달려 있다. 따라서 능력 있는 직원을 고용하고 직원 교육에 투자하는 것은 필수적이며 그만한 가치가 있다. 접속량이 폭주하여 고객 서비스 직원들이 매우 바쁘다는 것은 매우 긍정적인 현상이다. 비인간적인 온라인 환경에서 인간적인 접촉은 언제나 매우 중요하다는 점을 명심해야 한다.

 신용을 쌓으라

많은 온라인 기업이 중요시 여겨야 할 요소는 신용도다. 고객들은 판매원과 만날 수도 없고, 구매하는 상품을 직접 만지거나 입어볼 수도 없기 때문에, 온라인상에서 읽는 정보와 사진 속 물건이 받아볼 실제 물건과 동일하다는 확신을 주는 것이 매우 중요하다. 즉 안심하고 구매할 수 있다는 느낌을 고객에게 전달해야 한다.

고객을 안심시키는 방법은 여러 가지다. 가장 평범한 첫 번째 방법은 최대한 정확한 정보를 제공하는 것이다. 상품에 대한 상세한 설명, 고객들의 사용 후기, 구성 성분, 재료, 사이즈 같은 정보는 고객들을 안심시키는 필수적인 요소다. 신용을 얻는 또 다른 중요한 방법은, 이유를 불문한 100% 반품 제도다. 이러한 방법을 시행함으로써 온라인 소매업의 가장 중요한 성공 요소인 고객만족을 실행할 수 있고 이에 따라 성공할 수 있는 확률이 높아진다.

고객들과 신용을 쌓는 또 다른 방법은 최고의 서비스를 제공하여 고객과 매우 원만한 관계를 맺는 것이다. 앞에서 언급한 바와 같이, 무조건적인 반품 제도, 품질 보증, 강력한 보안 체제는 우리를 신뢰하는 고객들을 절대 실망시키지 않을 것이며, 우리 또한 고객을 중요하게 생각한다는 신호를 보내는 것과 같다.

09 보고, 분석, 보완 사이클의 채택

온라인 소매상들이 손에 넣고 있는 방대한 정보를 고려하면, 이 중 많은 수의 온라인 소매상들이 왜 고객들의 구매 행동에 적절하게 반응하지 못한다고 비난받는지 이해하기 어렵다. 온라인 소매업체는 거대한 콜 센터 없이도 자신의 웹사이트에 모인 고객의 구매행동을 분석할 준비를 갖춰야 한다. 그렇게 함으로써 온라인 소매업체는 판매 전략을 다듬고, 고객이 원하는 상품 구성을 할 수 있다. 고객의 구매행동 분석은 지속적이며 반복적으로 진행되어야 하며 과소평가되어서는 안 된다.

많은 성공적인 소비재(消費財) 기업은 특정 시장의 수요를 기회로 삼을 수 있다는 가설을 기초로 사업을 시작했다. 이런 기업은 지속적인 피드백과 보완 과정을 통해 더욱 매력적인 수요를 식별해냈고, 그 결과, 기업이 각자의 분야에서 경쟁우위를 창출할 수 있었다. 표적집단(focus group)과 소비자 성향 테스트에서 정보를 얻기 위해서는 수백만 달러를 소비해야 하지만, 통찰력 있는 기술과 경영 팀은 좀 더 저렴한 비용으로 동일한 정보를 취합하고, 분리하고, 분석하여 더 확신 있는 정보를 만들어낼 수 있다.

또한 데이터베이스 분석(database analysis)이나 데이터마이닝 기법을 이용해 소매업자들은 소비자와 관련된 세부적인 정보와 구매 행태를 이해할 수 있다. 그리고 가장 바쁜 시간, 가장 많이 방문하는 구역, 첫 번째 방문하는 소비자에게 가장 인기 있는 상품, 그리고 시골 시장에서 스포츠 유틸리티 차량(SUV)을 소유하는 35~45세 사이의 기혼 여성 사이에서 가장 인기 있는 상품에 이르기까지, 이 모든 것이 실시간으로 정확하게 파악될 수 있다. 이러한 기법은 마케팅과 이니셔티브를 위한 다른 모든 정보를 정량화할 수 있다. 직관력과 창의력은 언제든 필요하지만, 대부분의 결정을 위한 기본 토대는 순수하고 객관적인 데이터에서 얻을 수 있다.

이렇듯 정보를 이용할 수 있는 것은 소매업 세계에서의 혁명이라고 과장 없이 이야기할 수 있다. 그리고 이것은 온라인상에서만 이루어질 수 있다.

10 맞춤 서비스를 제공하라

궁극적으로 보안이 그토록 중요한 이유는, 온라인 소매업체들이 일반적으로 상당량의 정보를 수집하기 때문이다. 당신의 고객들과 시장을 파악하기 위해 정보를 사용하는 것은 성공적인 온라인 소매업체를 구축하는 데 중요한 열쇠가 된다. 온라인 소매업의 특성상, 기업들은 고객들의 동의하에 그들의 직접적인 개인 신상 정보뿐만 아니라 그들의 선호도와 쇼핑 습관까지 수집할 수 있으며, 그 정보를 이용해 고객 개개인을 위한 맞춤 쇼핑 서비스를 제공할 수 있다. 평가할 수 없을 정도의 이런 귀중한 마케팅 방법야말로 온라인 소매업의 진정한 힘이며, 온라인 사업의 장점 중 하나다. 현재 능력 있는 온라인 소매업체가 시도하는 개인 맞춤 서비스는 '전체적인 필터링(collaborative filtering)'으로 알려져 있는데, 이는 특정 고객이 구경하거나 장바구니에 담은 물건과 유사한 상품과 판촉물을 제시하는 형태다. 일반적으로 '상품 X를 선택한 고객들은 상품 Y와 Z도 선택함'이라는 메시지 를 제공하여 교차판매를 유도한다. 교차판매상품(cross-selling products)을 선택하거 나 핵심고객집단을 위한 판촉을 구상하는 것은 온라인 소매업자의 정보분석 능력과 상상력에 달려 있다. 이는 단연 오늘날 온라인 소매업에서 가장 많이 사용하는 맞춤 서비스 유형이다.

한 가지 명심하고 넘어가야 할 것이 있다. 앞에서 말한 것과 같이 고객의 개인 정보를 잘 보전(保全)하는 것은 온라인 소매업자들의 마음에서 가장 중요한 부분이 되어야 한다. 비윤리적이고 불법적인 목적을 위해 정보를 모으고 이를 악용하는 것은 잘못된 것일 뿐만 아니라 사업을 파탄에 이르게 하는 지름길이다. 고객을 존중하는 온라인 소매업자들만이 성공적인 사업을 할 수 있다.

흔 히 저 지 르 는 실 수

우리는 성공적인 온라인 소매상을 위한 핵심 성공요소에 대해 이야기해보았고, 온라인 기업을 시작할 때 고려해야 할 위험요소도 알아보았다. 지금은 운영이 중단된 많은 온라인 소매업체가 저지른 실수 중에서 가장 큰 것은 아마도 무분별한 지출일 것이다. 그러나 오늘날, 많은 온라인 기업은 현실적인 계획만이 실질적인 이윤을 창출할 수 있고 성공으로 가는 유일한 길임을 깨닫게 됐다. 미래의 수익은 고려하지도 않는 채 브랜드 가치만을 높이기 위해 과도하게 지출하는 것은 더 이상 거론될 문제가 아니다. 그러나 온라인 사업이 우후죽순으로 생겨나던 시절에 발생했던 문제가 여전히 남아 있다.

시장 진입에 드는 적은 초기 비용과 인터넷에 대한 열광 때문에 고객들의 관심을 끌어 수익을 올리려는 경쟁은 여전히 치열하다. 단기간에 같은 소비자를 두고 경쟁하는 경쟁자들은 얼마든지 있을 수 있다. 경쟁자 중 대부분은 망하고 사라지지만, 매일 더 공격적이고 영리한 경쟁자들이 나타나서 그 자리를 채운다. 이러한 환경에서 온라인 소매업체가 성공할 수 있는 길은 장기 계획을 수립하고 계획을 철저히 따르는 것이다.

온라인 소매상들이 겪는 또 다른 문제는 고객과 직접적으로 얼굴을 마주 대하는 상호 접촉이 없다는 것이다. 인터넷은 매우 비인간적이다. 이것은 많은 소비자들이 느끼는 온라인의 결정적인 결점이다. 누군가와 눈을 마주 보고 조언과 정보를 구할 수 있다는 것이야말로 거래 관계의 본질인데, 온라인에서는 이 부분이 완전히 결여되어 있다. 소비자들은 물건을 구매하기 전에는 그것을 만져볼 수도, 입어볼 수도 없다. 이는 특히 반품 비율이 높은 의류 같은 섬유 잡화 분야에서 심각한 결점이 된다. 이렇게 되면 높은 판매 수익이 발생했음에도 불구하고 비싼 운송비용으로 인해 결국에는 손해를 보는 상황이 발생하게 된다.

미래 : 변화하는 환경에 적응하기

탈거품경제 후유증

지난 십년간 온라인 소매업계에 엄청난 변동이 있었던 것은 틀림없는 사실이다. 1990년대 중반에서 후반까지의 호황과 성장에서부터 거품이 빠진 이후까지 최근에 변화를 겪은 산업 분야가 있다면, 그것은 온라인 분야다. 현재 우리는 아직도 거품경제에 따른 엄청난 후유증을 겪고 있다. 수많은 온라인 소매업체가 문을 닫았고, 남은 몇몇 주요 소매업체는 시장을 통합했다. 그 결과 — 물론 온라인 소매시장에는 꾸준히 성장하면서 영향을 미치는 영세기업이 있기는 하지만 — 현재 온라인 사업은 많은 기업이 외면하는 상황에도 자본을 모으기 위해 노력하고 있다. 머더네이처닷컴을 포함한 몇몇 온라인 소매업체에게는 탈거품시대의 변덕스러운 경제가 이롭게 작용했다. 탈거품 경제에 따른 후유증으로 많은 경쟁업체가 문을 닫았기 때문이다. 우리가 아직까지도 건재할 수 있는 것은 이 시기에 경비를 최대한 줄였기 때문이다.

차이점을 강조하라

앞서 말한 온라인과 오프라인 소매업 사이에는 차이점보다 공통점이 더 많다. 주요한 차이점은 속도와 정보로 요약된다. 성공적인 전략을 수립하기 위해 근본이 되는 정보와 정보의 분석은 쇼핑 환경에서 비롯된다. 디지털 시대에 우리는 시장, 고객, 우리가 하는 일의 효율성을 이전보다 신속히, 더 많이 알 수 있다. 미래에도 이러한 속도와 정보는 여전히 온라인 소매업계에서 성공하는 가장 중요한 요소로 남을 것이다.

그래도 절대로 변하지 않는 것이 있다

사업은 사람들이 필요로 하거나 최소한 그들에게 필요하다고 생각하는 것을 팔아야 한다. 일반적으로 수익의 대부분은 소수의 대량구매 소비자들에게서 나온다고 볼 수 있다. 브랜드 가치만 높이는 것은 느리고 값비싼 과정이다. 상점에 대한 고객의 첫인상은 문에 들어선 지 단 몇 초 만에 결정된다. 소매업계에서 이 원칙은 당신이 기업을 어디에, 어떻게 세웠든지 동일하다.

그러나 속도와 정보 외에 앞으로 지속적으로 확장될 수 있는 온라인 소매업만의 독특한 특징이 있다—바로 공동 마케팅이다. 인터넷에는 고객들을 해당 사이트로 이끌어주는 온라인 소매상들과 함께 일하는 수천만 명의 동업자들이 있다. 이런 기업은 연결해주거나 판촉해주면서 발생하는 매출의 일부분을 수입으로 가져간다. 이런 협력적인 전술은 온라인 소매상들이 목표 파트너에게 적극적으로 손을 뻗어, 낮은 비용으로 넓은 고객층에게 다가갈 수 있게 해준다. 이 협력적인 전술을 잘 이용하기 위한 핵심은 당신의 파트너들을, 더 정확히 말하자면 그들의 소비자들을 효과적으로 겨냥하는 것이다. 현명한 온라인 소매업체라면, 자신의 소비자와 같은 부류의 소비자를 확보하고 있는 적합한 파트너를 식별하여 이런 파트너들과 함께 자신의 판촉 활동을 최대화하는 것이다. 더 나아가 시간이 흐를수록 적절한 제휴가 온라인 소매업계에서 중요해질 것이며, 협력적 마케팅은 갈수록 늘어나리라고 본다.

분명히 오프라인과 온라인 사업 간에는 여러 가지 다른 차이가 존재한다. 예컨대 기술에 대한 비용 지출은 온라인 사업에서 더 많이 발생한다. 하지만 이런 분명한 차이점에도 불구하고, 소매업이 변화하면 할수록 미래에는 오히려 오프라인과 온라인 사업이 동일한 사업으로 전개될 것으로 보인다. 온라인 소매업은 오프라인 사업을 약간 변형한 것에 불과하기 때문이다.

정보로 무장한 고객

온라인 소매업이 성장함에 따라 이제 소비자들은 관심 있는 상품에 대해서뿐만 아니라 그 상품이 구매되는 절차에 대해서도 잘 알고 있다. 요컨대 온라인 소매업은 소비자들을 위해 대중적인 차원의 서비스보다는 개인 차원에서의 서비스를 제공해주어야 한다. 우리의 주요한 고객들도 개인화된 서비스를 고집한다. 이렇게 개인 고객을 위한 맞춤 서비스를 해줄 수 있다는 것이 인터넷의 강점 중 하나이며 우리가 전력을 다하는 부분이다. 앞으로 소비자는 온라인 비스니스에 많은 영향을 줄 것이다. 오프라인의 경우 상점에 들어서면, 특히 미국에서는 명시된 가격으로 물건을 사는 것을 당연하다고 여겨 물건을 구매하기 위한 의사결정 과정이 온라인보다는 간단하다. 온라인 쇼핑에서는 우리에게 익숙한 방식과는 확연히 다른 방법으로 쇼핑이 이루어진다. 현재 소매업계 구매의 98%가 오프라인에서 이루어지지만, 이 수치가 떨어질수록, 지식으로 무장된 고객들이 온라인과 오프라인의 소매업에서 최상의 거래조건을 선택하기 위해 자신들의 영향력을 최대한 발휘할 것이다.

미래

비록 지난해 소매업계의 향방이 확실하게 제시되지는 않았지만, 온라인 소매업이 그나마 제일 낙관적인 분야임에는 틀림이 없다고 생각한다. 이는 소매업계 전체가 대부분의 분야에서 불황을 겪을 때, 온라인 소매업계가 30~50%의 수익 증가를 보인 지난 연휴기간을 보더라도 알 수 있다. 이러한 현상을 놓고 볼 때, 앞으로 성공적인 온라인 사업을 하기 위해서는 경영전략의 필요성이 더 절실해질 것이다. 온라인 유통경로는 다른 어떤 유통경로보다도 강력한 경로라고 생각한다. 물론 오프라인 소매업의 유통경로를 바로 대체할 수 없다는 한계가 있지만 온라인 유통경로는 앞으로 더 중요하고 새로운 경로가 될 것이다.

게다가 계속해서 주요 경쟁업체들은 합병될 것이고, 서적과 음악 등 특정 분야뿐만 아니라 많은 부분에서 온라인 소매업계는 성장할 것이다. 특정 산업(배송이 쉽고 또는 다운로드가 쉬운 소프트웨어, 음악, 서적 등의 물품)에서는 다른 분야보다 빠른 성장을 보이겠지만, 이외 분야가 상호 의존하면서 가야 할 유통경로는 인터넷이다.

매일매일 수천 명의 새로운 소비자들이 온라인으로 들어오고 있다. 베이비붐 세대의 아이들로 구성된 가장 나이어린 세대는 인터넷에서 쇼핑하는 것이 우유를 사러 구멍가게에 가는 것만큼 자연스러운 시대에 살게 될 것이다. 그들이 청소년이 되고, 성인이 되면서 온라인 쇼핑에 대해 느끼는 편안함과 친근감은 온라인 소매업의 지속적인 성장을 보장해줄 것으로 본다. 그러나 큰 근심도 있다. 늘어나는 경쟁과 합병, 그리고 온라인 구매상품에 거래세를 부과하려는 움직임과 같은 요소는 미래의 성장 추정치에 영향을 미칠 수 있다. 그렇지만 나는 미래를 낙관하며, 시간이 흐를수록 틀림없이 온라인 소매업계는 전체 소매업계에서 중요한 부분을 차지하리라고 믿는다.

R. 휘트니 앤더슨 R. Whitney Anderson

앤더슨은 신생기업 개발에 많은 경험을 쌓은 기업가다. 그는 12년간 신생기업의 경영, 자금 조달, 설립에 관심을 쏟았다. 지난 5년간 그는 온라인 소비자 제품과 서비스 기업을 인수·경영·매각했다. 이에 앞서 오염된 소매업 대지인 '브라운 필즈(Brownfields)'를 재개발하는 리뉴얼 리얼리티(ReNewal Realty: LLC)라는 기업을 설립하기도 했다. 또한 기술 투자를 전문적으로 하는 투자 금융회사인 AFW 아셋 매니지먼트(AFW Asset Management)의 설립자였다. 페이스 대학에서는 초청 교수로 환경재정학(environmental finance)과 사회적 책임투자(socially responsible investing) 과목을 가르쳤다. 앤더슨은 코넬 대학교를 졸업했다.

당신의 기업을 알기 위해서는
먼저 당신의 고객을 알아야 한다

스티븐 G. 푸엣 Steven G. Puett

라스베이거스 골프 앤 테니스(Las Vegas Golf & Tennis) 사장, CEO

고객과의 관계 정립하기

어떤 이들은 제품을 시장에 성공적으로 유통시키는 것을 A지점(판매자나 제조자)에서 B지점(소매업자)으로 이동하는 것처럼 비교적 간단한 과정으로 보지만, 사실은 그보다 훨씬 더 복잡하다. 공급자 간의 제휴, 효율적이고 효과적인 재료의 유통, 배달된 상품의 질, 계획적인 머천다이징, 가장 중요한 소비자의 상품구매까지 전체적인 공급 망을 포함한 모든 것이 제대로 운영될 때 성공적인 유통이라고 할 수 있다. 소매상의 머천다이징이 잘됐다고 해서 제품을 시장에 성공적으로 유통시켰다고는 할 수 없다. 오히려 시장이라는 것은 소비자 구매라는 최종적이고 가장 중요한 단계를 포함해야 한다. 소매업의 기술에서 가장 중요한 한 가지 핵심요소를 고르라면 그것은 고객관리라고 할 수 있다. 당신이 상품 구색을 적절히 갖추고, 최상의 머천다이징을 하고, 최대한 이윤을 얻는 경영을 해도 소비자들이 당신의 상점에서 상품을 사고 싶은 의욕을 느끼지 못한다면, 당신은 성공할 수 없다. 넓은 고객층을 지닌 대량판매 상인에 비해 매우 한정된 고객층을 지닌 특수 소매상에게 이는 매우 중요하다.

라스베이거스 골프 앤 테니스(Las Vegas Golf & Tennis)는 스포츠에 관련된 상품만을 취급하는 특수 소매상이다. 다시 말해서 관여하지 않는 분야의 상품은 취급하지 않는다. 장비, 의류, 신발류, 그리고 다양한 액세서리까지 우리가 취급하는 모든 상품은 골프나 테니스에 관련된 것이다. 그렇기 때문에 우리 직원들은 이 상품에 대한 해박한 지식이 있으며, 언제든 고객들의 질문과 구매결정에 도움을 줄 준비가 되어 있다.

고객이 매장에 들어서면 최상의 서비스를 제공하고, 고객들이 필요로 하는 것과 원하는 것이 무엇인지를 파악하는 것이 매우 중요하다. 물론 이러한 서비스 제공이 판매로 연결된다면 더없이 좋을 것이다. 이를 위해서는 고객들의 경기 수준과 기술적 수준을 파악하기 위해 다양한 질문을 해야 한다. 고객에 관한 정보를 확보한 후 그들의 경기에 가장 적합하다고 생각되는 다양한 상품에 대한 정보를 제공한다. 그 누구도 '빠른 거래'를 하려고 해서는 안 된다. 성공적인 특수 소매상이라면 일회적인 거래를 하기보다는 고객들과 장기적인 관계를 맺으려고 노력해야 한다.

우리 직원들과 가맹점 책임자는, 손님이 처음 가게에 들어섰을 때 먼저 고객을 관찰하라고 훈련받는다. 우리는 몇 분 동안 둘러볼 시간을 주어 그들이 무엇을 구경하는지를 파악한 후 다가가서 대화를 시작한다. 절대로 고객에게 '무엇을 도와 드릴까요?'라든지 '무엇을 찾으세요?'라는 질문으로 접근하지 않는다. 대부분의 사람들은 이런 질문을 적절하고 성실한 것으로 받아들이겠지만, 두 질문 중 하나를 물었을 때 열에 아홉은 '아니요, 그냥 구경 중이에요' 또는 그와 유사한 대답하는 것이 현실이다. 이런 형식적인 질문의 문제는, 고객들 대부분이 다른 가게에서도 듣고 있으며, 따라서 그 질문을 '오늘 당신에게 어떻게 물건을 팔까요?'라는 의미로 받아들이게 된다는 것이다. 이는 당신이 고객에게 명함을 건네면서 다음에 물건을 사러 오게 되면 당신을 찾으라고 말할 경우에도 마찬가지다. 나는 판매원이 친절하고, 박식하고, 자신의 업무에 충실하다면, 고객이 알아서 먼저 명함을 요구할 것이라고 생각해왔다. 만약 당신이 어느 고객과 좋은 관계를 맺었다면, 그 고객이 무엇 때문에 다른 판매원에게 자신이 원하는 것을 처음부터 다시 설명하겠는가? 절대로 고객에게 뭔가를 팔려고 다가가는 인상을 주어서는 안 된다. 당신은 고객에게 다가가서 골프나 테니스 또는 최근 텔레비전 프로그램에 대한 대화를 시작해야 한다. 우리는 대부분의 고객들이 골프 시합에서 만족할 만한 경기를 했거나 특히 실력을 발휘했을 때 이에 대해 이야기하는 것을 좋아한다는 사실을 깨달았다. 이렇게 고객과 대화를 하고 편안한 관계를 맺으면, 고객들은 당신이 무언가를 팔기 위해 자신에게 접근한 것이 아니라 개인적으로 자신들에게 관심이 있으며 그들의 구매결정에 도움이 될 만한 정보를 얻을 수 있다고 생각한다. 이때가 당신이 질문 공세를 시작해야 할 때다. 우리는 거래를 성사시키든 실패하든, 전형적인 소매업체보다 고객들과 훨씬 더 많은 시간을 보낸다.

좋은 판매원은 어떤 사람인가?

직원들을 채용할 때 가장 중요한 것은 그 사람의 품성과 태도다. 영리한 사람은 어떤 산업에서든지 그 산업의 특성을 잘 파악할 수 있다. 그리고 사람들은 다른 사람들보다 선천적으로 또는 경험과 교육을 통해 더 친절하고 현명해질 수 있다고 생각한다. 예컨대 적절한 교육을 받은 직원은 고객에게 적당한 골프 클럽 세트를 추천해주는 요령을 터득할 수 있다. 게다가 골프를 칠 수 있는 사람이라면, 관련 용어를 잘 알고 있기 때문에 훨씬 빨리 고객의 욕구를 충족시켜줄 수 있다고 본다. 하지만 모든 분야에서 전 직원에게 이런 전문적인 교육을 시킨다는 것은 불가능하다고 생각한다. 그러나 고객이 원하는 상품이 무엇인지 파악하는 것은 교육으로 가능하다고 본다. 그 방법은 고객에게 가치 있는 상품이 무엇인지를 탐색하는 절차로 볼 수 있다.

물건을 팔 때는 '상품의 속성'(상품의 다양한 잠재적 특징)보다는 '상품의 가치'(고객에게 가치 있는 것)에 집중하는 것이 좋다. 작은 컵을 찾는 고객을 예로 들어보자. 박식한 판매원은 스티로폼 컵의 기능(가벼움, 일회성, 저렴함, 보온성 등)을 모두 설명할 수 있지만, 훌륭한 판매원은 먼저 컵의 용도— 이 경우에는 사내에 있는 작은 화초에 물을 주기 위한 용도—를 물어볼 것이다. 언제나 우리는, '손님 공의 일반적인 비행거리는 얼마나 되나요?' 또는 '손님은 경기할 때 어떤 부분을 향상하고 싶으신가요?' 등 탐색용 질문을 먼저 한다. 특정 고객이 무엇을 원하는지를 충분히 파악하고 나면 비로소 경기력을 향상시킬 제품에 관한 대화를 시작하고, 고객의 필요와 요구를 충분히 충족시킬 수 있는 최고의 옵션을 제공한다. 이런 절차를 따르지 않으면 당신은 고객에게 필요하지도 않고 의도한 용도와는 상관없는 상품만을 설명하게 된다.

우리가 관심을 두는 또 다른 부분은 부가적인 상품 판매다. 나는 부가적인 상품의 판매가 아마도 패스트푸드 업계 때문에, 상당히 부정적인 평판을 얻었다고 생각한다. 부가상품 판매는 직원이 권유하지 않으면 팔기가 어렵지만, '주문에 감자튀김을 추가할까요?'보다는 더 정중한 태도로 고객을 대해야 한다. 조금 다른 경우지만, 우리는 상품을 묶어 파는 경우가 많다. 따라서 고객의 만족을 높이기 위해서는 고객에게 부가적인 상품이 필요한지를 반드시 물어보아야 한다. 예컨대 초급 골퍼에게 골프채 세트를 판매할 때

퍼터는 필요하지 않은지를 물어봐야 하는 것과 같은 이치다. 부가적인 상품을 정중히 권하는 편이, 오히려 도움이 된다. 이때도 역시 고객에게 필요한 제품을 권해야 한다.

마지막으로 판매원들이 이러한 절차를 제대로 따르고 있는지 확인할 필요가 있다. 이를 확인하는 간단한 방법 중 하나는 비밀고객을 고용하는 것이다. 고객을 가장한 비밀고객들을 이용하면 고객 측의 피드백을 비교적 저가에 공급받을 수 있다. 당신이 모니터하고 싶은 평가 기준(가게에 손님이 들어섰을 때 인사 여부, 판매원의 첫 한 마디, 판매원의 친절도와 박식함 등)을 결정하고 결과를 의논한다. 어쩌면 당신은 가장 높은 평가를 받은 직원들을 위한 인센티브 계획을 시행하고 싶어질지도 모른다.

차 별 화 전 략

일반 소비재를 판매하는 소매업체들은, 같은 상품을 같은 가격에 판매하는 경쟁자들에게서 어떻게 자신들을 차별화시킬 수 있을지 고민해야 한다. 당신은 어느 골프 또는 테니스용품 가게를 방문해도 같은 드라이버, 같은 아이언 세트 또는 같은 테니스 라켓을 같은 가격에 구입할 수 있다. 이 업계 내에서는 어디서나 이와 같은 사실이 대부분 적용된다. 그렇다면 우리를 어떻게 차별화할 수 있을까?

소매업은 관계에 의해 운영된다고 한 것처럼 고객과 좋은 관계를 맺는 것은 중요하다. 첫째, 고객들과 아주 절친한 사이가 되어야 한다. 그들이 마지막으로 구매한 상품을 알고 있어야 하며, 상품에 만족했는지도 알아두어야 한다. 둘째, 취급하는 상품에 대해 스스로 전문가가 되어야 한다. 고객들이 질문하면 정확한 대답을 제공할 수 있어야 한다. 만약 대답할 수 없을 경우 그 대답을 어디서 구해야 하는지 정도는 알고 있어야 한다. 셋째, 우리는 의상과 액세서리 등에서 더 다양하고 질 좋은 제품을 고객에게 제공하면서 차별화할 수 있다고 본다. 즉 고객과의 관계, 상품에 대한 전문 지식, 특정 상품의 다양한 종류가 없다면 고객이 대량판매 상인이나 인터넷에서 물건을 사지 않을 이유가 없기 때문에 이는 매우 중요하다.

고객의 만족도를 높이려는 노력은 단순하게 고객을 유지하려고 노력하는 것보다 더 나은 결과를 만들어낸다. 긍정적인 고객 반응은 소매상이 이루어 낼 수 있는 가장 저렴하면서도 가장 효과적인 광고법이다. 이는 고객을 유지하는 것보다 새로운 고객을 유치하는 것이 일반적으로 5배 이상의 비용이 든다는 매우 잘 알려진 원칙과 같은 이치다. 반대로 불만을 가진 고객들은 부정적인 의견을 빠르게 퍼뜨려서 잠재 고객을 아예 제거해버릴 수 있다. 또 하나의 중요한 경험 법칙은 고객은 긍정적인 경험보다는 부정적인 경험을 더 많은 사람과 나눈다는 것이다. 부정적인 경험은 평균적으로 9명의 사람과 나눈다고 한다. 골프와 테니스 모두 대단히 사교적인 활동이기 때문에, 이런 고객들의 반응이 운동을 통해서 공유될 가능성은 더욱 높다.

우리를 경쟁업체와 차별화할 수 있는 또 다른 방법은, 판매시점 정보관리 시스템(POS)을 이용해 주요 고객명단을 유지하는 것이다. 이 시스템은 고객들이 영수증을 보관할 필요가 없도록 그들의 모든 구매 내역을 기록해둔다. 만약 AS 보증기간에 상품을 반품하거나 교환한다면, 데이터베이스에 저장된 상품의 구매 내역을 찾아보고 고객의 이름과 구매상품을 확인하기만 하면 된다. 따라서 영수증은 필요 없다. 또한 이러한 시스템은 선물을 살 경우 많은 도움을 준다. 남편을 위한 골프화를 한 켤레 고르는 데 사이즈를 기억하지 못해 도움을 청하는 경우다. 우리는 데이터베이스에서 남편이 마지막으로 사간 신발의 사이즈를 검색할 수 있다. 또 다른 빈번한 경우로는 회사원들이 은퇴하는 동료를 위해 고별 선물할 때다. 이럴 경우에 우리는 은퇴하는 동료의 과거 구매 내역에 기초하여 추천 상품을 다양하게 알려줄 수 있다. 예컨대 몇 달 전에 구매한 드라이버에 어울릴 페어웨이 우드를 추천할 수 있다. 이 시스템은 우리에게 매우 귀중한 시설이며 우리의 고객들은 영수증 없이도 상점에 들러 물건을 교환하고 반품할 수 있다는 사실에 깜짝 놀란다. 이런 고객 데이터베이스는 마케팅을 위한 용도가 아니다. 1차적인 용도는 고객들에게 좀 더 많은 서비스를 제공하기 위해 사용된다.

목 표 와 비 전

첫째로 장기와 단기 목표의 차이점을 이해하는 것이 중요하다. 장기 목표는 앞으로 당신이 되고자 하는 바로 그 모습이다. 누구에게나 이러한 장기 목표가 있으며 자주 바꾸지 않는다. 그런 만큼 장기 목표는 기업 전략을 수립하는 데 근본이 되는 필수적인 요소이며 앞으로 당신의 장기 목표를 달성하기 위해 걸릴 시간을 명확히 정해놓아야 한다. 그리고 기업 내의 모든 직원은 장기 목표를 달성하기 위해 매진해야 한다.

우리의 비전은 이 산업에서 가장 성공적인 스포츠용품 프랜차이즈가 되는 것이다. 성공이란 가장 규모가 크거나 가장 빠른 성장을 의미하지 않는다. 규모나 성장 속도는 다른 성과가 달성됨으로써 나타나는 부수적인 결과에 불과하다. 우리에게 성공이란 어떤 형태의 프랜차이즈를 열어도 우리가 목표로 한 기준을 달성하는 것이다. 이렇게 목표를 달성하고 나면 두 변수(큰 규모나 빠른 성장 속도)는 필연적으로 뒤따라 이루어질 것이다. 어떤 소매상이 20개의 매장을 개점했지만 2~3년 후에 그중 반이 폐점된 것을 보면 두 변수가 성공에 영향을 끼친다고는 볼 수는 없다. 즉 수익성이 좋은 매장을 운영할 수만 있다면 우리는 가장 빠르게 성장하고 가장 규모가 큰 기업 중 하나가 될 수 있다. 이것이 우리가 원하는 비즈니스 모델이다.

우리의 비전을 달성할 수 있게 도와주는 몇 가지 간단하지만 중요한 핵심 원칙이 있다.

- 고객을 위한 탁월한 선택 …… 그것은 라스베이거스 골프 앤 테니스의 탁월한 선택이다.
- 모든 사업이나 개인적인 거래에서는 정직, 존중, 성실이 우선이다.
- 팀으로 일하고 서로를 지원하는 데 최선을 다하라.
- 상식적으로 일하고 실수에서 배우라.
- 사업의 모든 면에서의 지속적인 향상을 위해 노력하라.
- 올바른 일이라면 …… 지금 당장 하라!

단기 목표를 위해 오래전에 내가 배운 것은, 모든 목표는 스마트(SMART)

라는 기준을 충족시켜야 한다는 것이다. 즉 구체적이고(specific), 측정할 수 있으며(measurable), 달성할 수 있고(achievable), 적절하며(relevant), 추적할 (trackable) 수 있어야 한다.

또 다른 핵심적인 요소는 목표가 가시적이어야 한다는 것이다. 만약 당신이 낯선 지역을 여행한다면, 도로나 지도를 그때그때 확인하지 않고서 어떻게 제대로 가고 있는지 알 수 있겠는가? 많은 사람들은 명확한 목표를 세우는 데 엄청난 시간을 소비한다. 이렇게 세운 목표는 파일로 보관되고 연말에 또는 아주 드물게 그 목표가 잘 있는지 꺼내본다. 반면 당신이 그것을 가시적으로 - 더 빈번하게 조사하고 측정할 수 있게 - 유지한다면 당신 이 목표에 근접해 있는지, 또 변화가 필요한지 알 수 있을 것이다. 가시적으로 목표를 관리한다면 예상하지 못한 사건을 미연에 방지할 수도 있다.

그러나 목표에 도달하는 방법은 다양하다. ① 준비, 겨냥, 겨냥, 겨냥 …… 발포, 또는 ② 준비, 겨냥 …… 발포, 발포, 발포가 있다. 두 방법 모두 최후의 결과는 같지만, 주로 첫째 시나리오가 더 효율적인 반면에 둘째 시나리오는 더 효과적이다. 당신이 맞닥뜨리는 구체적인 상황에서 어느 것이 더 나은지 를 결정해야 한다. 홈런은 훌륭하지만 가끔은 안타만으로도 충분하다.

재 정 적 인   조 치

판매를 일으키는 것은 고객 서비스, 상품 구성, 머천다이징, 그리 고 홍보에 달려 있다. 물론 무엇보다도 입지가 좋아야 하는 것은 당연하다.

모든 소매업자에게 중요한 성과지표 중 하나는 전년도 대비 판매실적이다. 다른 유용한 지표로는 제곱피트당 판매실적, 근무시간당 판매실적 또는 종업원의 급료지급 총액 등이 있다. 홍보에 많은 돈을 쓰고 판매실적을 늘리기 위해 다양한 판촉행사를 계획할 수 있지만, 지출한 만큼 수익을 거둘 수 있어야 한다.

상점의 운영을 측정하는 다양한 공식(예컨대 재고자산회전율과 이익률)이 있다. 경영지표 측정에서 우리는 각 지점을 기본 단위로 보기보다는, 사업을 분야별로 평가하는 것을 선호한다. 이러한 분야에는 내구재, 의류, 신발류, 액세서리, 공이 있다. 각 분야가 성공적인지 아닌지를 판단하기 위해서는 이익률, 재고자산회전율, 운송비, 공간효율성 등 다양한 지표를 사용할 수 있다. 세부적인 분야를 각각 따로 보지 않고 지점을 전체로 평가하는 것은 최상의 평가 방법이 아니다. 따라서 각 분야를 독립적으로 관리해야 하며, 각 분야별로 목표치에 도달하고 있는지를 확인해야 한다. 만약 날씨나 다른 요인으로 한 분야의 판매가 부진하더라도 다른 분야를 효과적으로 관리함으로써 좋은 성과를 얻을 수 있다. 우리는 지점 차원에서의 수익 목표 달성뿐만 아니라 분야별로도 수익성을 최적화하자는 것이다. 궁극적으로 우리는 각 사업 분야와 각 지점이 가진 잠재력을 최대한 발휘하기를 바란다.

변 화 와 경 향

사업을 할 때 당신은 변화에 대비해야 하며, 변화를 받아들일 뿐만 아니라 되도록 변화와 지속적인 경주－즉 너무 앞서가지도 뒤처지지도 않지만 편안하고 일정한 속도로－를 할 수 있어야 한다. 변화에 따른 새로운 환경에 적응하기 위해 사업을 변화시키기보다는, 변화를 기회로 인식하는 것이 더 유익하다. 대부분의 소매업체는 온라인 기업을 설립하거나 온라인 기업과 경쟁하기 위해, 전통적인 소매업체(brick-and-mortar) 경영에서 탈피하려고 시도하고 있다. 이러한 전통적이건 변화된 경영 방식이건 간에 성공은 고객관리에 달려 있다. 전통적인 기업이든 온라인 기업이든 다를 바 없다. "자판기를 제외하고 변화는 불가피하다"라는 격언과 같이 모든 기업은 변화를 받아들일 준비가 되어 있어야 한다. 그러나 유일하게 변치 않는 한 가지는 모든 소매상들이 가장 중요시해야 할 부분이 바로 고객관리라는 것이다. 우리는 상점이나 웹사이트를 방문하는 사람들의 필요와 요구를 충족시켜야 한다는 단 한 가지 이유 때문에 존재한다.

현재 소매업은 대형 점포가 시장을 주도하는 양상이다. 아마도 월마트가 가장 성공적인 사례일 것이다. 광범위한 다중 유통채널을 이용해 월마트는 원하는 어떤 분야로도 진출할 수 있었다. 사람들은 월마트 매장에 자주 출입한다. 그들의 필요나 욕구를 충족시키기 위해서가 아니라 옷, 음식, 수업 준비물 등 꼭 구매할 것이 있기 때문이다. 월마트는 구비하는 상품 종류를 늘리기 위해 많은 노력을 쏟는다. 따라서 미래의 한 시점에 월마트 같은 대형 소매상이 스포츠용품 업계로 진출하겠다는 결정을 내릴 수도 있다. 이런 변화는 다양한 대량의 스포츠용품을 취급하는 상점에는 많은 영향을 미치겠지만 특수 스포츠용품 소매상인 우리에게는 그리 큰 영향을 미치지는 못할 것으로 본다. 대량의 스포츠용품을 판매하는 상점의 성격은 대체적으로 월마트와 유사하기 때문이다. 이들이 취급하는 다양하고 방대한 상품 품목과 큰 기업 규모 때문에 그들은 고객 서비스에 그다지 능숙하지 못하다. 그들이 불손하고 불친절하다는 말이 아니다. 월마트는 다른 대형 할인점과 비교했을 때 좋은 평판을 듣고 있지만, 대부분의 특수 소매상들과 비교했을 때 상품에 대한 정통한 지식은 없다고 볼 수 있다. 우리의 목표는 판매하는 상품에 대한 전문적인 지식을 소유하는 것이다. 따라서 모든 매장의 환경이 동일하다면 고객들은 전문가로부터 좀 더 상세한 지식을 얻을 수 있다는 추가적인 이점 때문에 특수 소매상에서 상품을 구입하는 것을 선호하게 된다.

지난 몇 년 동안 불필요한 신상품이 많이 소개되었다. 너무나 많은 제조업자가 최신 상품, 최고의 상품을 출시하는 데만 최선을 다하지, 이미 존재하는 상품의 판매 성장을 위한 노력은 하지 않는다. 일례로, 소비자들은 3~6개월만 기다리면 방금 시장을 강타한 최신 드라이버를 100달러나 싸게 살 수 있다는 것을 알고 있다. 이는 업계 전체에 상당히 부정적인 영향을 미치는데, 불경기에는 더욱 심하다. 제조업자들이 제품 종목을 너무 자주 바꾸기 때문에 운동기구와 골프공은 초과 공급 상태다. 그 결과 오늘날 가장 큰 시장중 하나는 중고 골프채 사업이며, 이 역시 새 골프채 판매를 방해하고 있다. 역설적일지는 모르지만 신상품을 위해서라도 신상품 출시를 늦춰야 한다고 생각한다. 제품의 수명이 너무나 단축되기 때문에 더 이상 돈벌이가 되는 상품을 찾을 수 없는 상황이 되고야 말았다.

소매업의 난제와 보상

우리의 사업은 장래성이 있는 사업 중 하나다. 특히 골프 인구는 지난 10년간 크게 증가했고, 많은 스포츠 중에서 TV와 방송 계약을 맺는 몇 안 되는 스포츠 중 하나다. 골프를 시작하는 여성층과 젊은 층, 그리고 이제 퇴직할 나이가 되어 여가 시간이 늘어나는 베이비붐 세대를 고려하면, 골프는 매우 장래성 있는 사업으로 생각된다. 사람들은 수세기 동안 골프를 쳐왔고, 앞으로도 계속 칠 것이다. 경기시간이 조금 짧아지고, 장비를 싸게 판매할 수만 있다면 골프는 더 매력적인 스포츠로 자리매김할 것이다. 그러면 사람들은 더 쉽게 골프를 시작하고 즐길 것이다.

테니스 역시 장래성이 있다. 윌리엄스 자매 현상은 역사를 통틀어 전례가 없었으며, 여성 테니스는 계속해서 매스컴을 타고 있다. 남성 테니스 역시 앤디 로딕의 출현, 샘프라스와 아가시가 은퇴하면서 생긴 빈자리를 젊은 인재로 채워가고 있는 전도유망한 스포츠라고 볼 수 있다.

골프와 테니스 모두 어린 나이에 시작해서 평생 즐길 수 있는 스포츠다. 또 두 스포츠 모두 시합하는 데 10명의 경기자가 없어도 된다는 장점이 있다. 당신은 밖에 나가 혼자서도 얼마든지 골프를 칠 수 있다. 이 산업에는 아주 매력적인 특징이 많다. 그렇다고 난제가 없는 것은 아니다.

밖에 나가 경기하기를 좋아하는 많은 골프와 테니스 열광자들이 이 사업에 뛰어들어 매장을 운영해보려는 시도를 많이 한다. 물론 이런 사람들이 사업을 한다면, 사업과 함께 따라오는 여러 장점도 있다. 그렇지만 이것은 취미가 아니라 사업이라는 점을 잊어서는 안 된다. 즉 반드시 수익을 올려야 하는 비즈니스라는 것이다. 만약 당신이 몇 가지 장점을 이용하는 과정에서 그 사실을 잊는다면, 사업을 할 수 없는 시점까지 도달할 수 있다.

일반적으로 사업을 운영하는 데 가장 큰 문제는 재고관리다. 우리는 높은 이윤에만 의존해서 상점을 운영할 수는 없다. 분명 식료·잡화 판매업계보다는 이윤이 높지만, 다른 일반 스포츠용품 업계에 비해서는 이윤이 낮은 편이다. 재고가 많다는 것은 창고에 쌓여 있는 판매해야 할 상품에 돈을 투자하는 것과 같다는 것이다. 따라서 되도록 재고를 줄이고 현금흐름을 확보하는 데 세심한 주의를 기울여야 한다.

소매업의 가장 흥미로운 부분은 이것이 재미있는 사업이라는 것이다. 고객들이 골프나 테니스 상점을 방문할 때나 나갈 때, 우리가 일을 제대로 하고 있다면 그들은 저절로 미소를 지을 것이다. 소매업은 고객을 위해 이렇게 운영되어야 한다. 고객이 만족하는 것을 보고 즐길 수 있을 때 직장에 출근하는 하루하루가 즐겁고 재미있을 것이다.

스티븐 G. 푸엣 Steven G. Puett

스티븐 푸엣은 스포츠용품 업계에서 특수 소매업 상점을 운영하고 있으며 세계적 프랜차이즈인 라스베이거스 골프 앤 테니스(Las Vegas Golf & Tennis)의 사장이자 CEO다. 이 자리에 도달하기 전에는 여러 해 동안 라스베이거스 골프 앤 테니스 매장을 성공적으로 운영했고, 각 매장의 수익을 위한 자문이사로 선출되어

일했다. 그 이전에는 5억 달러 규모의 냉장 장비 및 설비와 공기조화(HVAC) 도매상인이었고, 350개의 지점을 둔 로지스틱스 퍼 파메코(Logistics for Pameco)의 부사장이었다. 푸엣은 또한 7,500개소의 자동차 부속품 소매상점의 운영을 총괄하고, 도우 케미컬(The Dow Chemical)에서 공급 망, 정보 시스템, 품질 관리 부서에서 여러 관리직을 역임했다. 푸엣은 녹스빌에 있는 테네시 대학에서 경영학 학사학위를 받았다.

예술가로서의
소매상

■ ■ ■ ■ ■ ■ ■ ■ ■ ■ ■ ■ ■ ■ ■

제프리 W. 그리피스 Jeffrey W. Griffiths

일렉트로닉스 부티크 홀딩스(Electronics Boutique Holdings Corp.) 사장, CEO

소매업의 걸작 만들기

성공적인 소매업을 운영하는 것은 예술과 같다. 예술이 서로 다른 재료와 기법의 스펙트럼을 포함하듯이, 소매업은 폭넓고 다양한 산업과 경영 형태를 포함한다. 그 결과 다양한 소매업체가 부딪히는 과제와 지니고 있는 강점은 다르며, 문제를 해결하기 위해 사용하는 방법 역시 다양하다.

하지만 동네의 작은 구멍가게부터 세계적인 백화점까지 모든 소매업체가 믿고 있는 신조가 있다. 이것은 '고유한 스타일 고안하기', '일일 성과 수치를 검토함으로써 가능성 있는 기회 포착하기', '고객을 알고 이해하기', '시장 변동에 대응하기', '지속적으로 미래를 위해 계획하기'다.

이 글에서는 이런 신조에 대한 생각과 사업—비디오게임을 하는 데 필요한 하드웨어와 소프트웨어, PC 오락 소프트웨어, 이와 관계된 부품 취급—에 대해 설명하려고 한다. 그리고 이 사업이 가진 독특한 과제와 기회를 설명하고 경영기법과 소매전략에 관한 내 개인적인 시각과 지식을 제공하면서 이야기를 끝맺으려 한다.

고유한 스타일 고안의 중요성

명성 있는 예술가들은 자기 나름의 의미 있는 삶을 산다. 의미 있는 삶이란 각각이 추구하는, 쉽게 복제할 수 없는 걸작을 만들어내는 것이다. 즉 그들만의 '고유한 스타일'은 작품의 흐름을 말하며, 그들을 흠모하고 추종하는 찬양자들을 만들어낸다.

소매업도 마찬가지다. 성공적인 소매업자는 다른 곳에서 찾기 힘든 독특한 특성—독특한 가게 구성에서부터, 독특한 서비스와 개성 있는 쇼핑 분위기까지—을 개발하고 유지함으로써 충실히 따르는 고객층을 만들어낸다. 이러한 특성을 만들어냄으로써, 훌륭한 소매상들은 그 브랜드에 대한 인지도를 높이고 브랜드에 대한 고객충성도를 높임으로써 고객들이 계속해서 상점을 방문할 수 있게 한다.

그 결과 '고유한 스타일'을 창조해내는 것은 소매업이 성공하기 위해 필수적으로 거쳐야 하는 과정이다. 동시에 그것은 소매업자들이 마주하는 가장 큰 과제 중 하나다. 제공하는 제품과 서비스의 종류를 지속적으로 조정하여 고객에게 지속적으로 흥미를 주고, 기업 이미지를 향상시키며, 동시에 우리를 다른 기업과 차별화하는 핵심 특성을 유지해야 한다. 이런 '성공의 비밀'을 경쟁자들 모르게 실행한다는 것은 사실상 불가능하기 때문에 더욱 어렵다.

그렇기 때문에, 훌륭한 아이디어는 다른 사람들에 의해서 쉽게 분석되고 복사된다. 따라서 우리는 계속해서 차별화를 위한 새로운 방법을 모색해야 한다. 항상 새로운 것을 창조하기 위해서는 끈기, 지구력, 창의성이 요구되지만, 이를 지속적으로 실행할 때 장기적인 보상을 약속받을 수 있다.

일일 성과 수치를 이용한 가능성 포착

소매업을 하면서 얻는 가장 재미있는 이점 중 하나는 우리 노력의 결과를 실시간으로 볼 수 있다는 것이다. 우리는 일일 판매실적을 실시간으로 볼 수 있기 때문에 각 지점의 판매실적을 전년도와 비교할 수 있으며 목표를 달성하는지 평가할 수 있다. 우리는 또한 신상품에 대한 고객들의 반응을 측정할 수 있고, 우리의 상품이 얼마나 잘 팔리는지 주기적으로 분석해볼 수도 있다. 그리고 우리의 마케팅 노력에 대한 고객들의 반응을 곧바로 검토할 수도 있다.

이러한 즉각적인 피드백은 소매업자에게 몇 가지 중요한 이점을 선사한다. 첫째, 늦은 분기 말까지 결과를 기다리고 반응하기보다는 얼마나 일이 계획대로 신속하고 순조롭게 진행되고 있는지 알 수 있다. 만약 일이 순조롭게 풀리면 우리는 즉시 만족감을 얻을 수 있으며, 우리의 계획을 더 야심차게 추진하거나 다른 부분에도 적용시킴으로써 새로운 기회를 포착하려고 노력하게 된다. 만약 목표를 달성하지 못하면, 우리는 조정을 한 후 원하는 결과를 얻을 때까지 평가를 반복할 수 있다. 유통경로에서 소매업은 거래의 마지막 단계로 매장의 어떤 운영도 환경 변화에 대응하기 위해 신속하게 바꿀 수 있는 유연성을 지녔다.

실시간 피드백은 성공을 위한 또 다른 판단력을 제공한다. 비디오게임이나 PC 게임 산업의 성장은 빠른 기술 성장에 의존하기 때문에 새로운 게임은 계속 출시되고, 그 품질도 빠르게 향상된다. 즉 게임 관련 상품은 빠른 속도로 자체적으로 진화하는 매우 흥미로운 특성이 있다. 따라서 이렇게 시간의 변화에 따라 빠르게 변화하는 상품을 관리하고 운영하기 위해서는 실시간 피드백을 통한 빠른 판단력이 중요하다.

애호가 파악의 중요성

"미(beauty)의 판단은 보는 사람의 눈에 따라 다르다"라는 격언이 있는데, 예술 세계에서는 이 격언을 진실로 받아들인다. 인기가 높은 예술 스타일은 아방가르드(전위파)에서 고전파까지 다양하다. 상업적으로 성공하기 위해 예술가는 애호가들의 스타일을 알아야 하며 그들의 미적 선호도를 만족시킬 수 있는 작품을 창작해야 한다.

소매업도 유사하다. 사실 소매상이 명심해야 할 단 한 가지 규칙이 있다면, 그것은 고객을 이해하는 것이다. 이 규칙은 실제로 중요도가 계속 증가하는 요소이며 나 역시 꾸준히 지키고 있다. 물론 직원 모두에게도 고객을 염두에 두고 일하라고 누누이 상기시키고 있다. 오늘날 경쟁적인 소매시장은 수많은 훌륭하고 능력 있는 소매업체로 가득 차 있다. 시장은 항상 커지고 있으며, 그럴수록 고객이 쇼핑할 장소는 다양해진다. 게다가 인터넷의 보급과 활용으로 소비자들은 과거보다 많은 정보를 소유하게 됐으며 결과적으로 상품에 대한 풍부한 지식을 확보할 수 있게 됐다. 즉 그들은 자신들이 원하는 상품을 구할 수 있는 장소가 많다는 사실과, 제일 싼 가격과 맘에 드는 서비스를 제공하는 곳을 알고 있다. 경쟁에서 이기기 위해서 우리 소매업체는 가게로 들어서는 모든 고객에게 신뢰감을 심어주어야 한다.

신뢰를 주는 가장 좋은 방법은, 고객들이 원하는 것을 정확하게 이해하고 그것을 지속적으로 제공하면서 고객의 욕구를 충족시키는 것이다.

대부분의 경우, 고객이 원하는 것이 너무 당연하고 사소하다는 사실에 놀랄 것이다. 그들은 알찬 서비스와 공정한 가격을 원한다. 고객들은 어디서든 무엇을 구매하든, 기분 좋은 구매 경험을 원한다. 자신이 원하는 상품이 구비되어 있을 뿐만 아니라 찾기 쉽게 진열되어 있기를 바란다. 고객들은 우리가 적당한 가격뿐만 아니라 상품 품질도 보증해주길 원한다. 만약 이 중 하나라도 맘에 들지 않으면, 가게를 나가서 다시는 돌아오지 않을 수도 있다. 요컨대 우리가 고객을 선택하는 것이 아니라, 고객이 우리를 선택하는 것이다. 따라서 그들이 만족하고 돌아갈 수 있어야 계속 방문할 것이다.

시 장 변 화 대 응 의 중 요 성

소매업은 정적인 예술 형태가 아니다. 사실 소매업계는 유례없는 속도로 계속 변신 중이다. 기술은 끊임없이 발전하고 있고, 그와 함께 정보를 공유하고 보급하는 능력도 폭발적으로 증가하고 있다. 이제 소매업 시장은 강자만이 살아남을 수 있는 경쟁적인 시장이 됐다. 오늘날 소매업계에서 성장하려면 사업을 발전시킬 능력이 있어야 한다. 최근에는, 진취적인 소매업체가 비효율적인 소매업체들의 사업을 빼앗아버리는 경향이 비일비재하다. 결국 소비자는 능력 있고 효율적인 소매업체가 비효율적인 소매업체의 사업을 흡수하면서 소비자에게는 더 좋은 상품, 더 나은 상품, 더 저렴한 가격 등 이득을 제공하리라고 볼 것이다.

이런 환경에서 소매업자들은 현재 자신의 위치에 안주하지 말고 지속적으로 사업을 개선해나가야 한다. 꾸준한 향상 없이 시장에서 1위를 차지한다는 것도 장기적인 차원에서 생각하면 별 의미가 없다. 매년 가격에서 상품진열, 고객 서비스, 매장구조까지 최대한 여러 분야에서 발전을 위한 목표를 세워야 한다. 요점은 당신이 매년 발전하지 않으면, 경쟁자에게 사업을 빼앗긴다는 것이다. 게다가 발전시켜야 할 분야도 계속 늘어나고 있다. 오늘날 소비자들은 예전보다 훨씬 더 많은 선택의 기회를 쥐고 있으며 현명하다. 오래전 일반 소비자들은 상품에 관한 정보를 가게 점원에 의존했지만, 요즘에는 인터넷에서 얻은 상세한 상품 정보로 무장하고, 더 좋은 서비스에 대한 기대감으로 가게에 들어선다. 그 결과 상품 정보를 제공하던 점원들은, 이제 고객들이 쉽게 쇼핑하고 만족을 느끼도록 고객 서비스를 제공하는 존재로 변화하고 있다. 소매업체에 대한 소비자들의 기대는 높아졌다. 오늘날 고객들은 물건을 사러 상점에 들를 때, 원하는 물건을 쉽게 찾아 확인할 수 있고 가격도 저렴하게 책정되어 있기를 기대한다. 그렇지 않을 경우에 소비자들은 자신들의 기대를 충족시켜줄 다른 상점을 알고 있기 때문에 미련 없이 떠나버린다.

계속 늘어나는 고객의 욕구를 충족시키는 것은 쉽지 않다. 하지만 소매업자들에게는 고객의 욕구를 충족시킬 수 있는 수단이 있다. 그 수단은 정보기술이다. 나는 최근 몇 년 사이에 대부분의 소매업체가 능률적으로 변해가는 모습을 보면서 감동하곤 한다. 대다수의 소매업들은 지난 30년 동안 창고에서 필요로 하던 다수의 관리직을 줄이는 대신에 최첨단 컴퓨터 네트워크를 이용해 멀리 떨어진 지점을 연결하고, 전 세계에 퍼져 있는 지점의 재고를 관리하고 통제하며, 유통센터를 거점으로 이전보다 훨씬 빠르고 저렴하게 거래할 수 있게 됐다. 이런 기술은 오늘날 소매업자들이 소비자들에게 더 나은 양질의 상품을 저가로 공급하게 하는 기반을 마련해준다.

장차 성공을 거두려면, 지속적으로 정보 시스템을 개발하고 사용해야 한다. 정보 시스템을 이용해서 상품관리 방식을 개선할 뿐만 아니라 우리의 시스템을 공급자들과 연결하여 판매와 공급을 예측할 수 있는 방편을 마련해야 한다.

장 기 계 획 의 이 점

물론 미래를 위한 준비가, 단지 커져가는 고객들의 서비스 욕구를 충족시키기 위한 것은 아니다. 어느 소매업자나 당면하는 가장 큰 난제 중 하나는 시장의 현실과 들어맞는 실용적이면서도 장기적인 계획을 수립하는 일이다. 최근에 우리가 경험한 불안정한 경제 환경을 보더라도 장기적인 계획을 수립하는 것은 점점 더 어려워지고 있다. 그렇지만 시장의 변화나 자신의 능력을 충분히 알고 장기 계획을 수립하는 소매업체는, 아무 계획도 없으면서 눈앞에 나타난 이익만을 좇는 소매업체보다 경쟁력이 높다는 것은 분명하다. 실속 있는 장기 계획을 통해, 소매업자들은 좀 더 효과적으로 자신들의 이익을 추구할 수 있을 뿐만 아니라 성과를 측정하는 현실적인 방법을 개발할 수도 있다. 즉 장기 계획은 좀 더 나은 경영을 위한 인센티브로 작용할 것이다.

소매상들은 예상되는 매출, 주당 이익, 각 매장의 매출, 새로운 매장 개점과 같은 명백한 재정적 목표를 매년 정해야 한다고 믿는다. 이 네 가지가 우리 기업이 지향하는 대표적인 재정상의 목표다. 이를 기반으로 더 장기적으로 목표를 세우기 위해 노력하고 있다. 예를 들어 우리가 속한 시장의 특성과 새로운 시장에 대한 가망성 등을 분석하고, 장기적으로 성장 가능성이 가장 높은 시장을 선택한다.

전 체 적 인 그 림 파 악 하 기

이 단원이 시작할 때 말한 것처럼 소매업은 여러 산업에 걸쳐 있으며 소매업체들이 다양한 운영을 추구할 때 독특한 도전과 이점을 제공받을 수 있다. 일렉트로닉스 부티크(Electronics Boutique)를 위한 '전체적인 그림'은 이에 아주 적합한 예다. 우리 일렉트로닉스 부티크는 비디오게임에 필요한 하드웨어와 소프트웨어, PC 오락용 소프트웨어와 액세서리만을 판매하는 세계적으로 앞서가는 소매상이다. 매주 새로운 게임이 시장에 출시되는, 매우 빠르게 돌아가는 산업에 종사하고 있다. 이러한 특성상, 우리는 항상 새로운 상품이 소비자를 유혹하는 매우 역동적이고 에너지가 넘치는 시장에서 일을 하고 있다. 이와 동시에 이 산업에서는 다른 소매업들이 경험할 수 없는 다양하고 격렬한 도전을 경험할 수 있다. 그 도전 중에 하나는 항상 매우 정확하게 머천다이징을 해야 한다는 것이다.

일반적으로 신상품을 시장에 내놓을 때마다 한두 주 동안은 판매의 정점을 맞이한다. 그 후 판매량은 줄어들고, 또 다른 새로운 게임이 시장에 출시되어 다음 한두 주의 판매량을 끌어올린다. 이러한 측면에서 보면 이 산업은 패션, 음악이나 영화 같은 유행에 민감한 산업들과 유사한 특성이 있다. 따라서 우리는 적정한 물량을 사들이기 위해 조심스럽게 수요를 예측하는 과정을 거친다. 우리 회사의 성공의 척도는 수요 예측과 실제 판매량이 얼마나 일치했느냐이다. 만약 예측한 것처럼 초반에 게임이 잘 팔린다면 성공했다고 볼 수 있다. 이는 판매량과 무관하게 성공으로 인정된다. 예를 들어 우리가 1,100개를 구매하고 1,000개를 판매했다면 매우 성공한 상품으로 간주하지만, 구매한 상품 20만 개 중 10만 개가 팔렸다면 이는 성공하지 못한 상품으로 간주한다.

시장 변화는 장기적인 관점에서 측정되어야 한다. 이 분야 시장에는 4·5년 주기로 새로운 세대의 시스템이 등장한다. 이러한 새로운 시스템의 등장은 시장과 소비자들이 새로운 플랫폼으로 이동하게 한다. 구시스템이 쇠퇴하고 새로운 시스템이 등장하는 시기에는 판매량 감소를 절실히 체감하게 된다. 이 시기는 판매량을 높이기 위한 좀 더 많은 노력과 도전이 요구되지만 우리는 나름대로 잘 견뎌냈다고 생각한다. 5·6년 전 우리의 주력 상품은 PC 게임과 PC 소프트웨어였지만 지금은 이러한 게임과 소프트웨어가 마이크로소프트 오피스나 윈도우에 통합되어 PC에 포함된 채 판매되고 있다. 이와 비슷한 예로 우리가 판매하는 다른 유사한 상품도 인터넷을 통해 구매할 수 있게 됨으로써 판매를 중단해야만 했다. 이렇게 어려운 시기에 우리는 새로 개발한 하드웨어와 소프트웨어를 이용하여 새로운 게임 시장에 진출했고, 판매량을 늘리면서 다시 높은 성장세로 돌아설 수 있었다. 이렇게 변화하는 시장에 적응하기는 힘들지만, 이런 경험을 통해 역동적인 시장 환경에 언제든 대처할 수 있는 탄력성을 가진 소매상으로 거듭날 수 있다고 생각한다.

시장을 주도하는 소매상들과 경쟁하기 위해서는 소비자가 원하는 상품을 빠르게 비치해야 할 뿐만 아니라 정확한 주문량을 결정해야 하고 늘 시장의 변화에 촉각을 곤두세워야 한다. 특히 우리 회사와 같은 경우는 광범위한 상품 구색을 생각해야 한다. 우리는 되도록 효율적으로 소비자의 욕구를 충족시켜주기 위해 '슈퍼 스토어(super store)' 체제를 도입했다. 이 체제를 통해 비디오게임과 관련된 넓은 범위의 다양한 상품을 판매할 수 있으며 특히 국내외의 1,200개가 넘는 매장을 네트워크로 연결하여 전자상거래와 카탈로그까지 공용할 정도로 사업을 확장했다. 대부분의 업무는 우리 상점을 통해 처리되며, 이러한 체제는 회사에 몇 가지 이익을 가져다주었다. 이 중 하나는 우리의 검증된 시스템은 전 세계 대부분 지역에 적용될 수 있다는 것이다. 따라서 지역에 관계없이 매장을 새로 개장할 때 다른 매장과 동일한 전략과 사업계획을 적용시키고, 비슷한 제품을 비치할 수 있다. 만약 특정한 상점이나 지역에서 우리가 비치한 상품이 아닌 다른 상품을 찾거나 구매하는 경향이 나타나면 이에 따라 상품 구색을 바로 수정할 수 있는 시스템을 구축했다.

각 매장은 서로 정보를 공유함으로써 효율성을 확보하고 있고, 각각의 매장 수준에 적합하게 운영되고 있다. 각 매장의 매니저에게 적합한 수익계획과 재고품 관리계획을 세울 것을 장려한다. 우리는 매니저들을 위한 보너스 구조뿐만 아니라 판매사원과 시간제사원을 위한 다양한 인센티브 제도를 마련하고 있다. 이러한 인센티브는 각 매장의 목표를 달성하기 위해 필요하며 궁극적으로는 회사 전체의 판매량, 이익, 재고품 축소 관리 등을 포함한 전반적인 재정 운영을 달성하는 데 필수적이다.

우리가 당면한 또 다른 중요한 문제는 상품공급을 제3의 기업체에 의존한다는 것이다. 매일 빵을 구워 판매하는 제빵회사와는 달리 직접 제작한 상품을 판매하는 것이 아니므로, 소비자가 원하는 게임을 팔기 위해서는 게임을 공급하는 공급업자에게 의존해야 한다는 것이다. 이 구조는 장기 계획 수립에 영향을 미친다. 우리는 이 문제를 극복하기 위해 철저하게 시장조사를 하고, 해마다 사업계획을 새로 세워 개선해나가고 있다. 예를 들어 우리는 최근 산업의 동향과 시장 데이터를 분석하여 다가오는 새해의 산업성장률 예상수치를 계산한다. 즉 현재의 시장점유율과 우리의 현 위치를 파악하여 내년을 겨냥한 잠재적인 판매실적을 계산하는 것이다. 이러한 분석을 토대로 얼마나 많은 새로운 매장을 개점할 것인지 예측하고 각 매장의 데이터베이스를 이용하여 시장성이 높고 자사의 시장점유율을 높일 만한 지역에 개점을 계획한다.

물론 기업이 성장함에 따라 다른 부분을 관리해야 하는 또 다른 도전에 직면하게 된다. 이 도전은 건실한 기업이 부딪히게 되는 긍정적인 것이다. 도전의 핵심은 능력 있는 사원을 찾아내는 것이다. 우리는 해마다 평균 300개의 점포를 설립하는데, 유능하고 적극적인 사원을 각 매장에 배치하려고 노력한다. 또한 이미 존재하는 매장에서도 일정한 이직률이 있기 때문에, 정기적으로 새로운 사원을 찾고 채용해야 한다. 게임에 대해 열정적이고 우리 제품을 잘 아는 판매원을 뽑는 데 역점을 둔다. 사실 열정이 있고 우리 제품을 훤히 꿰고 있는 사람들은 바로 고객들이다. 이렇듯 원하는 자격을 모두 갖춘 사원들은 고객이라는 것을 알게 됐다.

우리 회사의 소비자들은 대부분 게임을 무척이나 즐기는 이들이고 이와 관련된 일을 하고자 한다. 이들은 우리 매장에 자주 찾아와서 사원들과 제품에 대해 즐겨 얘기하면서 회사와 근무 환경에 대해 파악하게 된다. 즉 우리 회사 사원이 되면 자사 상품에 대해 할인을 받을 수 있고, 제품이 출시되기 전에 사용해볼 수 있으며, 시사회에 참석할 기회를 얻는다는 것에 대단한 매력을 느낀다. 결과적으로 어떤 고객은 우리의 사원이 되기도 하고, 어떤 고객은 게임 산업 발전에 일조하기도 한다.

또한 우리는 사원들이 장기근속할 것을 장려한다. 회사의 지속적인 성장으로 사원들이 도약할 수 있는 새로운 기회를 갖게 되면 이는 훨씬 수월해질 것이다. 우수한 판매원들은 곧 지점장이 되고, 지점장들은 특정 지역의 책임자가 된다. 이는 우리 회사가 사원들에게 더 이상 취미를 위한 직장이 아니라 확고한 직업인으로서 탈바꿈할 기회를 준다는 것을 의미한다.

우리 회사를 비롯하여 여타 소매업체가 당면한 또 다른 도전은 오늘날과 같은 불경기에도 지속적으로 성장하는 것이다. 운 좋게도, 우리 산업은 불경기에도 상당히 잘 견디는 편이다. 게임은 상대적으로 다른 놀이기구와 비교해볼 때 그렇게 비싸지 않은 오락물이다. 주요 고객층은 10대부터 30대의 남성으로 게임을 자유롭게 즐길 수 있는 수입이 있으며, 게임을 생활의 중요한 요소로 생각한다. 이런 주요 고객층은 우리에게는 매우 건실하고 안정적인 수입원이다. 따라서 경제의 영향보다는 이들이 우리에게 끼치는 영향이 더 크다고 볼 수 있다.

팀 경영의 장점

우리는 당면한 모든 도전을 팀으로 해결한다. 나는 팀이라는 것이 성공적인 소매업을 위해서 없어서는 안 될 중요한 요소라고 생각한다. 또한 사원들 간에 정보를 공유하는 것을 매우 중요하게 생각한다. 우리는 회사의 미래와 목표를 달성하기 위한 전략에 대해 설명하고, 함께 계획을 세운다. 그리고 계획을 달성하기 위해 필요한 모든 새로운 방법을 사원들에게 제공한다. 중요한 모든 전략적 결정과 대부분의 운영 결정은 임원들로 구성된 위원회에서 한다. 위원회는 매주 각 부서의 건의사항과 발전 상황을 검토하고 의견을 경청한다. 이 위원회의 좋은 점은 모두가 기여할 수 있고 모두가 자신감을 가질 수 있는 매우 개방적인 분위기다. 중간 관리층과 고위 관리층의 매우 낮은 이직률은 이러한 분위기 때문이라고 생각한다.

CEO로서 내가 해야 할 가장 중요한 임무는 두 가지라고 본다. 하나는 주주들에게 우리의 비전과 계획 진행 상황을 보고하는 대변인이 되는 것이고, 다른 하나는 단기 목표와 장기 목표 사이의 균형을 맞추는 일이다. 단기 목표란 한 분기에 기업이 이뤄내야 할 일을 일컬으며, 장기 목표는 회사의 지속적인 성장과 번창을 보증하는 것이다. 가장 먼저 해야 할 핵심적인 일은 이 모든 목표가 균형을 이루어 이 중 어느 하나라도 소홀히 지나치지 않게 독려하는 것이다.

무엇보다 중요한 임무는 성공을 확신하고 5년이나 10년 후에 기업을 더욱 번창시키는 것이다. 고객의 흥미를 놓치지 않으면서 장기간 꾸준히 성장하는 것이 성공한 소매상의 분명한 지표라고 생각한다. 우리는 세계적인 소매업으로 거듭나기 위해 해외에서의 사업도 확장하고 있다. 세계 어디를 가더라도 고객들이 우리 브랜드를 보면 미국에서와 같은 서비스를 받고, 같은 상품을 동일한 가격에 구매할 수 있다고 확신하기를 바란다.

그렇다면 한 개인은 어떻게 소매업의 기술을 익힐 수 있을까? 한마디로 말하자면 소비자를 우선시하는 자세를 가져야 한다. 직원들이 소비자의 중요성을 인식하도록 교육시켜야 한다. 또한 고객이 상품을 필요로 할 때 반드시 제공할 수 있어야 하며, 가격경쟁력이 있어야 하고, 소비자와 친숙해질 수 있는 정책을 고수해야 한다. 고객의 역동적인 욕구를 충족시키기 위해서는 시장의 변화를 예의 주시해야 한다. 당신의 사업과 상품을 좋아하는 사람을 고용해야 하며, 사원들의 충성도를 높이기 위해 회사의 비전을 사원들과 공유하고 승진의 기회를 제공해야 한다. 하루를 마감하면서 상승하는 판매실적, 증가하는 소비자 기반, 지속적인 성공은 당신의 매장을 방문한 고객들이 만족스러워 한다는 것을 확신시켜줄 것이다.

제프리 W. 그리피스 Jeffrey W. Griffiths

제프리 그리피스는 일렉트로닉스 부티크의 사장과 CEO를 역임했으며, 2001년 6월 이후로는 최고책임자(Class 1 Director)의 자리에 있다. 1998년 3월부터 2001년 6월까지 일렉트로닉스 부티크(Electronics Boutique)의 머천다이징 및 유통 분야의 부사장을 역임했다. 그 이전인 1996년 3월부터는 일렉트로닉스 부티크의 전신 회사에서 머천다이징과 유통 분야의 부사장을 역임했다. 그는 1987년 3월부터 1996년까지 일렉트로닉스 부티크의 머천다이징 부사장을 역임했으며, 1984년 4월부터 1987년 2월까지는 일렉트로닉스 부티크의 전신 회사에서 머천다이징 담당자를 지냈다. 올브라이트 대학에서 역사 학사학위를 받았으며 템플 대학에서 경영학 석사학위를 받았다. 그리피스는 현재 엔터테인먼트 제품 관련 소매상협회(Interactive Entertainment Merchants Association)의 이사로 재직 중이다.

소비자에게 다가가기

켄 워커 Ken Walker

마이네케 카 케어 센터(Meineke Car Care Center, Inc.) 사장, CEO

자동차 정비소 프랜차이즈인 마이네케(Meineke)는 2002년에 창립 30주년을 경축했다. 창업자인 샘 마이네케(Sam Meineke)가 텍사스 휴스턴에 첫 지점을 세운 이래로 미국, 캐나다, 중앙아메리카와 북아메리카에 900개의 지점을 세울 만큼 번창했다. 이 시점에 샘 마이네케는 앞으로 '매년 경쟁이 심해지는 시장에서 과연 우리는 어떻게 소비자들을 유인할 수 있을까'를 고민하게 됐다. 그는 브랜드 이미지를 높이고, 효율적인 홍보를 하면서, 소비자와 사원들 간에 신뢰를 쌓는 데 주력했다.

마이네케는 서비스를 제공하는 소매업자로, 상품을 판매하는 소매업자와는 엄연히 다르다. 일반적으로 소비자들은 그들의 자동차 머플러가 떨어졌거나 브레이크에서 이상한 소리가 날 때 마이네케를 찾아오고 마이네케는 이러한 문제를 해결해준다. 이것은 무엇을 기쁜 마음으로 소비하는 것이 아니라 불편한 마음을 제거하기 위한 소비로 볼 수 있다. 치과에 가는 것처럼, 자동차 수리도 소비자들이 기대에 부풀어 하는 소비가 아니라 고통을 빨리 끝내고 싶어 마지못해 하는 소비로, 정비사들은 어쩔 수 없는 경우가 아니면 별로 만나고 싶지 않은 대상이다.

사업 초기에는 소비자와 마이네케가 서로에게 도움을 주는 관계가 유지됐다. 소비자들은 자신들의 자동차를 빠르고 저렴하게 수리할 수 있었고, 마이네케는 국내 최고의 할인 머플러 수리업자로서 명성을 쌓을 수 있었다. 하지만 대부분의 산업이 그렇듯이 기술은 변화한다. 1983년에 자동차 제조업자들은 자동차 머플러 시스템을 냉연강(cold-rolled steel)에서 스테인리스로 바꾸기 시작했고 1996년에 이르러서는 새로 출시되는 모든 차량이 스테인리스로 만든 머플러를 장착하게 된 것이다. 이러한 기술의 전환은 소음기의 수명을 약 3년에서 10년 또는 그 이상으로 늘려놓았다. 소비자들은 이러한 현상을 환영했지만 마이네케에는 큰 타격을 주었다.

이러한 상황에서 우리의 첫 번째 도전은 상품을 다양화시키는 것이었다. 지난 몇 년간 마이네케는 차체 내부 수리에 강하다는 장점을 살려 이와 관련된 서비스를 서비스 목록에 추가했다. 브레이크를 수리하는 서비스는 1980년대 중반부터 시작했는데 이는 현재 판매실적의 3분의 1 이상을 차지하고 있다. 최근에는 엔진오일 교환, 튜닝 업, 타이어 관련 서비스를 목록에 추가했다. 그리고 소형 차량 또는 소형 트럭을 고성능으로 개조하는 것이 유행함에 따라 배기 시스템을 전문으로 하는 마이네케에서는, 개조 시 중요한 부분이 배기 시스템이라는 점을 강조하면서 이 부분도 서비스 목록에 추가했다. 이런 추가 항목은 소비자와의 불쾌한 관계를 탄탄한 신뢰에 기반을 둔 관계로 발전시켰고, 소비자 스스로가 매장을 정기적으로 찾아오도록 유도했다.

시장이 변화하고 새로운 서비스가 마이네케에 추가됨에 따라, 우리의 상호가 더 이상 사업의 실체를 정확히 표현하지 못한다는 데 생각이 미쳤다. 10 중 9명의 소비자가 마이네케를 알고 있었지만, 100명에게 마이네케가 무엇을 하는 회사인지 물어보면, 거의 모든 이들이 머플러 관련 서비스 회사라고 답할 것이다. 다양한 조사를 통해, 더 많은 소비자에게 다가가기 위해서는 상호를 바꾸는 것이 좋다고 생각했다. 그래서 2003년 3월에 공식적으로 상호를 마이네케 디스카운트 머플러스(Meineke Discount Mufflers)에서 마이네케 카 케어 센터(Meineke Car Care Center)로 변경했다. 소비자들의 인식은 굉장히 중요하다. 새로운 이름이 예전보다 우리의 실체를 소비자에게 더 확실히 인식시키고 있다고 확신하며, 마이네케가 앞으로 더 넓고 탄탄한 시장을 확보하는 데 큰 역할을 하리라고 생각한다.

우리의 두 번째 도전은 홍보를 통해 어떻게 소비자에게 다가가느냐였다. 마이네케는 늘 적은 홍보자금으로 최대의 홍보 효과를 누리려고 노력해왔다. 해가 바뀌어도 변하지 않은 단 하나의 홍보 방법은 옐로페이지(Yellow Pages: 기업의 업종별 전화번호가 수록된 전화번호부)에 광고를 하는 것이다. 마이네케는 옐로페이지에 지속적으로 광고를 내는 미국 기업 15위 안에 들었고, 다른 수백 개의 광고가 실리는 옐로페이지에서 경쟁력을 잃지 않도록 끊임없이 노력하고 있다.

마이네케는 또한 목표고객층에게 강한 인상을 심어주기 위해 텔레비전 광고에도 크게 의존하는데, 비용 대비 최대 광고 효과를 내기 위해 노력하고 있다. 우리는 운 좋게도 옐로페이지 제공사, 여타 미디어 회사와 오랫동안 탄탄한 신뢰를 유지하고 있다. 이 덕분에 이런 기관에서 목표고객과 관련된 부가적인 정보를 얻을 수 있다. 또한 목표고객에게 우리의 메시지를 더 효율적으로 전달할 수 있으며 할인받은 가격으로 더 많은 광고를 낼 수 있다.

소비자들은 일반적으로 자동차 수리업체를 신뢰하고 있지 않기 때문에, 이들을 유인하고 유치하는 데 무엇보다 중요한 것은, 신뢰를 쌓는 것이다. 따라서 마이네케는 구매 전과 구매 후, 이 모든 시기에 소비자에게 신뢰감을 주기 위해 노력한다.

신뢰감을 주기 위해서는 홍보가 매우 중요하다. 우리가 조지 포먼(George Foreman)을 마이네케의 홍보대사로 뽑아 오랫동안 그 직책을 맡긴 이유는 소비자들이 조지 포먼의 신실함과 신용을 높게 평가하기 때문이다. 소비자들은 호감 가는 조지 포먼의 익숙한 얼굴이 자신들을 잘못된 길로 인도하리라고는 생각하지 않는다.

소비자가 마이네케 시설에 한 번 발을 들여놓게 되면, 조지 포먼이 약속한 부분은 우리의 몫이 된다. 따라서 우리의 전략은 고객이 우리를 믿고 편안한 마음으로 차량 수리를 맡기는 것이다. 이를 위해 고객을 서비스 공장으로 데려가 문제점을 지적해주고, 수리 전과 수리 후에 무엇이 달라졌는지를 보여주는 것이 중요하다. 또는 소비자의 요청에 따라 고장 난 부분의 부품을 돌려줄 수도 있다. 목표는 우리가 권유한 서비스가 실제로 이행됐다는 것을 소비자들에게 확신시키는 것이다.

소비자들의 신용을 얻기 위해 넘어야 할 큰 장애물은 정비사들이 필요 이상으로 정비를 권유하여 부속품을 팔 것이라는 소비자들이 인식하는 것이다. 이를 극복하기 위해 필요한 것은 수리해야 할 부분과 서비스받아야 할 부분에 대해 소비자에게 명확히 설명하고 이해시킬 수 있는 방안을 마련하는 것이다. 이는 몇 해 전 고객을 속여 불필요한 자동차 부품과 서비스를 강매한 캘리포니아에서 일어난 사건을 계기로 만들어졌다. 그 방안은 차량수리 업계를 이끄는 몇몇 기업이 만든 운전자보호 프로그램 (Motorist Assurance Program: MAP)이라고 하는 운전자안심 프로그램이다. 본질적으로 MAP는 차량을 점검하고 소비자들에게 그 상태를 통보할 때 적용되는 기준을 말한다. MAP의 기준에 따라 기술자는 목록표를 참고하여 차량을 진단하고 ① 차량이 제대로 작동하기 위해 수리가 필요한지, ② 단순히 개선을 권고할 상황인지, ③ 지금 교체할 필요가 있는지를 고객에게 알리게 된다. 이렇게 정형화된 기준을 통해 소비자들에게 알림으로써, MAP 기준은 마이네케 가맹점의 소비자 신용도를 끌어올리는 데 큰 역할을 했다.

고 객 서 비 스

고객 서비스의 기본 원칙은 지난 20년 혹은 30년 동안 변치 않았으며, 어쩌면 영원히 변하지 않을 것이라고 생각한다. 궁극적으로 고객 서비스는 전문적이고, 공손하게, 역지사지의 자세로 고객을 맞이하는 것이다. 나의 직업은 경영 분야에서 일하는 한 사람으로서, 교육을 통해 늘 한결같은 마음으로 체계적으로 고객 서비스를 하는 것이다.

각 지점마다 독립적인 경영자가 있는 프랜차이즈 조직에서 서비스를 정형화한다는 것은 어렵다. 따라서 꾸준히 서비스 교육을 하며, 설문조사, 소비자를 가장한 쇼핑, 그리고 소비자들의 불만을 통해 모은 정보를 각 지점에 정기적으로 알린다. 나는 마이네케 프랜차이즈가 소비자들을 아주 잘 관리하고 있다고 자신 있게 말할 수 있다. 정비받은 차량 1,000대 중 2대 미만의 불만이 접수된다. 이렇듯 몇 안 되는 불만 신고에도 불구하고 우리는 왜 소비자가 불만스러워 하는지를 알고자 한다. 이를 위해 소비자가 전화나 우편 또는 이메일을 이용해 우리와 연락할 수 있는 시스템을 개발했다. 이런 불만 접수는 고객과의 신뢰를 지속시켜주고, 같은 문제가 발생하는 것을 미연에 방지하게 해준다.

어쩌면 고객 서비스의 질을 높이기 위한 최대 기술은 단순히 판매를 강조하는 것이 아니라 고객을 교육하는 데 초점을 맞춘다는 의미다. 소비자가 마이네케의 고객이 되면, 우리는 그 고객의 문제나 요구를 들어줄 뿐만 아니라 차량의 상태나 필요한 서비스를 고객에게 교육시키는 차원에서 상담해준다. '카 케어 센터(Car Care Center)'라는 상호에 담긴 철학처럼 자동차를 위해 앞으로 필요한 서비스를 소비자들에게 미리 알려주면 소비자들은 무척 좋아할 것이라고 각 지점에 조언한다. 지금 당장 정비할 필요는 없지만 앞으로 언젠가 받게 될 서비스를 미리 말해주는 것이다. 즉 기본적으로 우리는 고객의 차량에 관해 현재의 문제점과 앞으로 정비해야 할 부분을 판매를 떠나서 공유하고자 한다. 이러한 방법은 차량을 세심하게 점검하고, 결과를 자세히 설명하기 때문에 각 고객에게 쏟는 시간이 무척 길어지게 된다. 많은 조사에 의하면, 사실상 판매실적이 당장 오르지는 않겠지만 소비자들은 수리를 하고자 할 때 문제점을 가장 먼저 알려준 정비소를 찾아간다고 한다. 판매를 떠나서 고객들을 교육시킴으로써 그들은 우리의 전문적인 지식을 신뢰하게 된다.

성공 촉진

마이네케 프랜차이즈 체인의 규모와 다양성을 볼 때, 가맹점으로 부터 많은 것을 배울 수 있다. 특히 성장률 또는 수익이 가장 높거나 소비자 만족도가 가장 높은 최우수 가맹점에서 많은 것을 배울 수 있다. 따라서 우리는 우수한 가맹점의 성공 사례와 전략, 방법 등을 공유한다. 가맹점 간에 선의의 경쟁이 벌어지기도 하지만, "가장 약한 고리 때문에 쇠사슬은 끊기게 된다"라는 진부한 속담처럼 모든 가맹점이 약점 없이 서로를 돕고 의지할 때, 성공을 뒷받침하는 더 큰 사슬 관계를 만들 수 있다.

국제적인 체인을 만들기 위해 마이네케의 직원들은 딜러 자문위원회와 긴밀한 관계를 유지한다. 이러한 자문위원회는 정기적으로 모여 앞으로 프랜차이즈가 나갈 방향을 모색하고, 기업이 새로 시작한 사업을 분석하며, 홍보정책을 평가하고, 상호 커뮤니케이션을 강화한다. 각 자문위원은 지역에 있는 약 10개 가맹점을 대변하며, 1년에 2번 모이는 지역자문위원회의 회원이 된다. 미국과 캐나다에 있는 9개의 지역자문위원회 의장들은 다시 전국 딜러 자문위원회를 구성한다. 전국 딜러 자문위원회에서는 각 지역마다 보지 못하고 지나치는 문제가 있는지 다시 확인하고 딜러 개개인과의 대화를 통해 좀 더 넓은 관점에서 프랜차이즈 정책을 수립하기 위해 긴밀한 협조 관계를 유지하려고 노력한다.

우리가 보유한 리더십과 코칭 프로그램(Leadership & Coaching Program)은 내가 아는 한 프랜차이즈 업계에서 독특한 것으로, 소수의 프랜차이즈를 연결시켜 특정한 목적을 위해 같이 일하고 서로 배우는 프로그램이다. 각각

6~7개의 지원자 가맹점으로 구성된 팀은 3개월 동안 다른 팀과 경쟁하기 위해 협력한다. 이를 측정하기 위해, 평균적인 수리 요청(Average Repair Order), 정비한 횟수(Jobs Per Ticket), 훈련시간(Training Hours), 가게 판매실적(Same Store Sales Growth)을 평가한다. 서로 격려하고 사례를 교환하는 과정에서 가맹점은 다시 한 번 새로운 마음으로 경영전략을 되돌아보게 된다. 이 프로그램의 반응은 상상외로 좋아서 일회성 행사로 끝날 뻔한 프로그램이 3개월마다 새로운 지도자 팀이 구성되는 정규 프로그램으로 거듭나게 됐다. 그리고 프로그램의 파급효과는 3개월보다 훨씬 오래가는 것을 볼 수 있었다. 프로그램이 끝날 때마다 측정 가능한 지표를 기준으로 평가해보면 지도력은 눈에 띄게 향상되어 있다. 또한 리더십 프로그램을 운영하면서 본부(franchisor) 경영에도 많은 도움을 받아왔다. 가장 훌륭한 아이디어는 프로그램 참가자들에게서 나온다는 것을 깨닫게 됐다. 이렇게 채택된 아이디어는 전 마이네케 가맹점에 적용하고 있다.

아는 것이 힘이라고 했듯이, 마이네케에서는 정보가 프랜차이즈 성공의 핵심 요소라고 믿는다. 우리는 가맹점들이 서로의 실적을 비교해볼 수 있게 다양한 방법을 만들었다. 마이네케 관리자들만이 접근 가능한 인트라넷 사이트에서는, 각 매장의 판매실적을 비교한 상당한 분량의 공개 자료가 있다(개인정보 보호 차원에서 가맹점은 자기 매장의 데이터만을 열람할 수 있다). 이 사이트는 또 어떤 가맹점이 가장 빨리 성장했는지를 보여준다. 1년 단위로, 마이네케는 가맹점에 보내는 「프랜차이즈 보고서(Report to Franchisees)」를 발간하는데, 이 보고서 또한 각 가맹점의 과거와 현재에 관련된 구체적이고 방대한 정보를 지역별, 그리고 같은 규모의 다른 매장과 비교할 수 있게 해준다. 이러한 보고서는 업계 내에서는 독특한 사례로, 마이네케 가맹점 간의 원활한 의사소통을 돕는 역할을 한다.

가맹점의 성공을 위한 또 다른 정보를 제공하기 위해 마이네케는 조사연구(research) 방법을 사용한다. 마이네케는 각 가맹점이 위치한 지역의 가구 수, 자동차 종류, 자동차 보유연수 등의 정보가 포함된 시장 정보를 사들인다. 그리고 각 가맹점을 중심으로 반경 2~3마일 사이에 얼마나 많은 차량 서비스가 필요한지를 예측한다. 이러한 예측은 가맹점별로 정기적으로 행해지고, 또다시 각 가맹점의 영업실적과 대비되기 때문에 각 가맹점이 얼마나 시장을 점유하고 있는지를 알 수 있다. 타 가맹점이 얼마나 많은 시장을 점유하고 있으며 얼마나 잘하고 있는지를 보여주는 것은 가맹점들의 성공을 위한 좋은 벤치마킹이라고 할 수 있다.

본부에서는 판매실적이나 수익에 기초해 보너스 계획을 세운다. 기본적으로 가맹점의 업무수행 능력과 개인의 업무수행 능력을 같이 평가하여 이 결과에 따라 인센티브가 정해진다. 우리는 모든 사원을 위한 보너스 계획을 마련했다. 보너스 계획 중 반은 사원의 특정한 업무수행 능력, 나머지 반은 전체 가맹점의 이익 창출에 기여한 능력을 기준으로 지급한다.

물론 어떤 사업도 성공한다는 보장은 없다. 내가 할 수 있는 최선의 방법은 성공할 수 있는 잠재력을 극대화시키고 실패의 가능성을 최소화하는 전략을 만드는 것이다. 내가 알기로는 미국의 소규모 사업 중 16%는 도산한다고 한다. 마이네케의 전체 규모는 작지 않지만, 각 가맹점은 작은 소규모 사업체다. 솔직히 말하자면 독립적인 소규모 사업체를 운영하는 것보다 프랜차이즈 가맹점을 운영하는 것이 훨씬 성공적이다. 1년 동안 우리에게 소속된 가맹점 중 약 4%가 문을 닫는다. 이 수치는 각 산업의 프랜차이즈 가맹점이 문을 닫는 평균치에 가깝다.

성공척도

나는 회계가 전문 분야라서 그런지, 사업에 대한 어떤 목표가 있다면 목표를 반드시 측정할 수 있어야 한다고 믿는다. 마이네케는 회사직영 매장과 가맹점 모두를 위해 아주 구체적인 목표를 설정한다. 오랜 성숙기에 접어든 시장에 매장을 내고 사업을 시작한다면, 우리는 3~4%의 성장률만을 기대할 수 있다. 하지만 개발기나 도입기에 있는 시장에 매장을 새로 개업한다면 더 높은 성장률을 기대할 수 있다.

하지만 한 매장의 총판매량이 성공의 척도가 되는 것은 아니다. 순차적으로 우리는 각 매장이 판매실적을 높일 수 있는 기본적인 요소를 갖출 수 있도록 돕는다. 우리는 서비스를 받으러 오는 차량 수를 고려하고 다음과 같은 질문에 답하려고 노력한다. '몇 명의 손님들이 다시 오거나 소개를 받아서 왔는가?', '서비스를 받으러 오기 전에 전화를 하는 고객의 비율은 얼마나 되는가?', '고객들이 서비스 견적을 받지만 수리는 하지 않는 비율은 어느 정도인가?' 그리고 우리는 매장에 들어선 차량에 어떤 일이 일어나고 있는지도 다음과 같은 질문을 통해 세심하게 관찰한다. 얼마나 완벽하게 점검했는가? 두 가지 이상의 서비스를 받은 비율은 얼마나 되는가?(예를 들어 소음기와 엔진오일 교환) 평균적인 수리 요청은 몇 건이나 되는가?

가맹점의 성공도 분명 중요하지만 본사의 목표는 최소한 계획했던 하한선을 달성하는 것이다. 다른 소매업같이 목표 하한선 달성은 여러 가지 주요 성과지표(KPI)로 결정되며 이 지표를 통해 성과를 측정하고 인센티브를 받을 사람을 결정한다. 덧붙여서 우리는 꾸준히 시장점유율을 검토하고, 주요 경쟁자들과 비교해 어떤 성과를 내고 있는지도 조사한다.

프랜차이즈 경영

운영관리자들은 최전선에서 각 가맹점의 성과를 감독하고 관찰한다. 각 운영관리자들은 평균적으로 지역에 있는 약 40개 정도의 마이네케 가맹점을 관리한다. 그들의 전문 지식을 기반으로 가맹점에 새로운 서비스를 추가부터 새로운 매매 계좌 신설, POS 시스템을 관리 방법, 상품의 가격을 낮추는 방법까지 운영상의 자문과 지원을 아끼지 않는다. 운영관리자는 가맹점의 선생님, 기술자, 상담원, 회계사, 본사 대변인이자 친구다.

새로운 가맹점이 개점하는 날부터, 운영관리자들은 성공적인 가맹점을 만들기 위해 최선을 다한다. 또한 운영관리자는 각 가맹점이 사업계획서를 작성하는 데 도움을 준다. 사업계획서에는 새로운 판매계획이 포함될 수도 있고, 새로운 서비스 추가, 시설을 개선할 아이디어 또는 지역홍보 전략 등이 있을 수 있다. 운영관리자들은 가맹점들이 사업계획서를 작성하게 도와준 다음 주기적으로 매장에 들러 그 계획이 제대로 실행되고 있는지를 검토한다.

어떤 측면에서 보면 운영관리자는 잘못된 명칭이라고 할 수 있다. 이들은 매장이나 가맹점을 운영하는 것이 아니다. 각 가맹점에서는 운영관리자를 통해 정보를 수집할 수 있는데, 운영관리자는 선생님이 될 수도 있고, 격려자로 활동하는 경우도 꽤 많다. 우리가 경험한 바로는 대부분의 가맹점은 경제적인 이득이 가장 많이 창출되는 부분에 관심이 많으며, 일반적으로 그들의 관심은 전체 체인의 관심과도 일치한다는 것이다. 따라서 우리의 책임은 가맹점들이 최상의 정보를 소유하게 하고, 뛰어난 방법과 프로그램을 활용하여 성공하게 도와주는 것이다.

프랜차이즈 체인을 시작한다는 것은 시장에 진입하기 위한 매우 안정적인 방법 중 하나다. 프랜차이즈는 분산이라는 개념, 그 이상도 이하도 아니다. 마음과 정열, 평생을 모아온 자산을 모두 투자해서 성공하는 가맹점을 보는 것은 큰 즐거움이다. 나는 창업자인 샘 마이네케를 정신적 스승으로 생각한다. 그의 목표는 아주 단순했다. 그는 가맹점 주인들을 백만장자로 만들고 싶어 했다. 프랜차이즈 CEO로서 가맹점 주인들을 성공하도록 돕고, 더불어 기업 전체를 성공으로 이끄는 것 이상의 목표는 없다고 생각한다.

협력적 관리

마이네케의 비전은 나만의 비전이 아니다. 이 비전은 모든 임원들의 지혜를 한데 모아 세운 것이다. 매년 열리는 임원단 연수를 통해 체인의 장·단기 계획의 개념을 재정립한다. 이 개념은 다시 매니저급 모임에서 하루 종일 토론된다. 각 매니저들은 체인이 나가야 할 방향과 목표, 이를 달성할 수 있는 전략 등에 관한 의견을 활발히 제시한다. 토의한 전략은 우선순위를 매겨 특정 부서에 전략을 집행하는 책임을 맡긴다.

새로운 회계 연도가 시작될 때쯤이면 부서를 책임지는 부사장의 지휘 아래 각 부서의 목표와 전략을 설정하고 이를 연간 사업계획서에 포함시킨다. 부사장은 계획을 실행하는 데 필요한 예산을 집행할 뿐만 아니라 매달 10~15가지 주요 쟁점을 점검할 수 있는 시스템을 운영한다. 부서의 책임자들은 각 부서의 매달 목표와 방향을 전체 경영진에게 보고한다. 부서는 각각의 담당업무에 대한 책임만 지며 계획의 성공 여부는 조직 전체의 책임이다. 경쟁보다는 부서 간의 상부상조가 성공으로 나가는 지름길이다.

교 육 의 중 요 성

나는 교육의 중요성을 매우 강조하는 편이다. 교육은 강조하면 할수록 좋다. 가맹점 주인이 되기 위해서는 회사에서 실시하는 4주간의 밀도 높은 교육 프로그램을 이수해야만 한다. 이 프로그램은 주 6일간 하루 10시간씩 진행되며, 사업경영과 마이네케가 어떻게 운영되는지 기술적인 부분까지 교육한다. 교육의 목적은 가맹점들이 성공하는 데 필요한 기본적인 방법을 제공해주는 것이다. 지속적인 교육을 통해, 가맹점 주인들은 더 많은 기술을 배울 수 있으며 더 많은 방법을 제공받을 수 있다.

운영관리자들은 각 매장별로 필요한 교육을 제공하기 위해 31가지의 교육 프로그램을 구비하고 다닌다. 부속 공급업체들도 지역 매장에서 필요로 하는 특별한 교육을 제공한다. 마이네케는 매년 딜러를 위한 컨벤션을 후원하고 있으며, 이러한 컨벤션은 교육을 제공할 뿐만 아니라 같이 어울리고 휴식할 수 있는 기회를 제공한다.

이러한 노력에도 불구하고 전 대륙에 걸쳐 분포된 가맹점들에게 표준화되고 효과적인 교육을 제공하기는 어렵다. 지리학적인 문제 이외에도, 대부분의 소매업이 그렇듯이 마이네케 가맹점들은 일주일에 60시간씩 일하기 때문에, 계획된 교육을 이수하기에는 시간적으로 무리가 있다. 가게가 문을 닫고 난 후 또는 최선의 시간이라고 하기에는 무리가 있는 저녁때나 일요일에 교육을 해야 한다. 하지만 우리는 모든 가맹점이 직면하는 이런 문제를 해결할 수 있는 방법을 찾았다고 생각한다. 내부인만이 접속할 수 있는 인트라넷을 이용해 프랜차이즈와 관련된 53개의 단기 웹 강의 코스를 밟을 수 있는 마이네케 사이버대학을 개설했다. 가맹점의 매니저, 기술자, 본사 직원 등 마이네케 모든 종사자들이 언제 어디서나 교육을 받을 수 있다. 내가 아는 한 마이네케는 이런 프로그램을 실행하는 두 번째 프랜차이즈다 (첫 번째는 MailBoxes, Etc.). 모든 과정을 마치면, 교육받은 사원은 간단한 객관식 시험을 치러야 하는데 시험 결과는 근무성적에 반영된다.

중요한 것은 사이버대학에서 교육받은 직원이 근무 중인 지점의 영업실적과 그렇지 않은 지점의 영업실적을 비교하여 교육 후 확연히 달라진 영업실적을 확인할 수 있다는 점이다. 예를 들어 전 지역의 판매 촉진 세일을 하기 전에 판매실적을 올릴 수 있는 방법에 대한 무료 강의를 개설했다. 그 결과 강의를 수강한 가맹점이 판매실적에서 훨씬 앞섰다는 것을 알 수 있었다.

만약 우리가 가맹점 주인들에게 사업을 운영하는 가장 좋은 방법을 교육하면 가맹점 주인들은 자신들의 기대를 채울 만한 능력 있는 사원들을 고용하려 들 것이다. 솔직히 좋은 사원들을 채용하여 지속적으로 훈련시키는 것은 힘든 일이며, 앞으로도 가장 어려운 일 중 하나일 것이다. 마이네케의 교육 프로그램은 능력 있는 사원들을 양성하기 위해 설계됐다. 마이네케는 다른 경쟁자들과 마찬가지로 같은 인력시장에서 인재를 찾는다. 우리의 임무는 가맹점 주인들이 가장 적합한 인력을 채용할 수 있게 돕는 일이고, 교육을 통해 더 많은 능력을 배양하도록 기회를 마련해주고, 궁극적으로는 직원들이 사업의 중요한 자산이 될 수 있게 지원해주는 것이다.

사 업 의 변 화

한 기업이 변화에 대응하는 능력은 기업이 제공하는 교육에 의해 크게 좌우된다는 것이 나의 견해다. 예를 들어 1996년 내가 이 기업의 사장이 됐을 무렵에는 머플러 판매가 전체 매출의 60%에 달했고, 총 5,000만 개의 머플러가 미국에서 팔렸다. 하지만 이미 언급한 대로 스테인리스 스틸이 나오면서 모든 상황은 바뀌었다. 결과적으로 1996년 5,000만 개의 머플러 시장은 현재 1,800만 개 내지 1,900만 개 시장으로 축소됐다. 실제로 머플러 시장의 60%가 축소됐다.

그럼에도 마이네케의 판매실적은 매년 성장을 거듭했다. 이러한 성장률을 유지하기 위해 우리는 적정한 시기에 상품을 재구성했고, 새로운 서비스를 선보였다. 또 새로운 서비스를 뒷받침하기 위해 끊임없는 교육을 해왔다. 머플러 산업의 흐름을 간파하고 또 다른 변화를 예상하게 되면서, 변화에 적응하지 못하면 살아남지 못한다고 가맹점에 조언했다. 우리는 이에 따라 다른 대체할 만한 서비스를 철저히 모색하여 수익성을 따져본 후 가장 좋은 것을 가맹점에 권하고, 다양한 서비스를 제공한다는 뜻으로 상호까지 변경했다. 정보를 제공하는 동시에 공급업체와의 협상을 통해 부가가치 서비스를 제공했고, 새로운 서비스를 위해 판촉 활동을 하고, 직원교육 프로그램에 새로 추가된 서비스에 대한 부분을 강조하는 등 많은 지원을 했다.

또 차량이 점점 복잡해져 간다는 사실은 우리 사업에 많은 영향을 주었다. 더 이상 옛날처럼 후드를 열고 밖에서 문제를 파악할 수 있는 시대가 아니라는 것이다. 많은 차량은 이제 컴퓨터 모듈을 장착하고 출시되어 어느 곳이 잘못됐는지 자동으로 알려줄 뿐만 아니라 어디가 결함을 보이려고 하는지를 알려준다. 문제를 진단할 뿐만 아니라 가장 가까운 정비소를 알려주고 예약까지 해주는 최첨단 컴퓨터 모듈도 등장했다.

우리에게 닥친 가장 핵심적인 도전은 자동차 제조업자가 설치한 컴퓨터 코드를 읽어내는 능력을 갖추는 것이다. 그래야만 차체를 수리할 수 있다. 하지만 자동차 제조업자들은 이 정보가 유출되지 않도록 공식적으로 인증한 정비업체로 가야만 자동차를 수리할 수 있게 했다. 이러한 독점은 사실상 우리와 같은 정비업체뿐만 아니라 소비자들에게도 정비업체를 선택할 수 있는 선택권을 빼앗아버리는 불공평한 처사라고 생각한다. 자동차 제조업체의 이러한 움직임에 대응하기 위해, 상원의원을 포함한 국회의원들과 함께 '수리할 권리(Right to Repair)' 법안 통과에 대해 협상하고 있다. 이 법안은 제조업자에게서 자동차의 스캔코드를 알아내어 어떻게 수리해야 하는지를 알아내기 위한 필수 불가결한 조치다.

기억에 남는 옛 직장의 상사가 있다. 이 상사는 나에게 사업이 소규모일 때는 모든 것이 잘되는 것 같지만 점점 커지면서 왠지 방향을 잃는 것 같다고 말하곤 했다. 지금 생각으로는 사업이 소규모일 때는 조직 구성원 간의 의사소통이 원활했지만 사업이 커지면서 의사소통이 제대로 되지 않기 때문에 이런 문제가 발생하는 것 같다. 한 매장에서는 책임자 한 사람이 모든 것을 보고 들을 수 있다. 문제가 발생하자마자 담당 사원과 직접 대화하면서 문제를 살펴보고 해결할 방법을 제시할 것이다. 결과적으로 그 담당 사원은 그 자리에서 곧바로 해결방법을 받아볼 수 있다는 것이다. 큰 회사가 성공하기 위해서는 이처럼 작은 조직의 효율적인 상호작용을 본받아야 한다. 회사는 경영자나 임직원을 포함한 모든 직원이 정기적으로 서로 대화할 수 있고 교육할 수 있는 시스템을 구축해야 한다. 만약 다른 조직보다 상호작용을 잘할 수 있는 방법을 찾아낼 수 있다면 그 조직은 틀림없이 성공할 것이다.

켄 워커 Ken Walker

텍사스 대학을 졸업한 켄 워커는 25년 동안 자동차 시장에서 근무한 풍부한 경험이 있다. 워커는 3년 반 동안 테네시, 멤피스에 있는 파츠(Parts)의 사장을 역임하다가 1996년에 마이네케에 입사했다. 파츠는 스물 네 개 주에 있는 배급 시설과 매장에 자동차 부품을 배급하는 회사다. 그는 파츠의 사장을 맡기 전인 1989년에서 1992년까지 카디스(Cardis Corp.)의 사장을 역임했고, 그 전에도 비슷한 일을 했는데 1983년부터 1988년까지 AI 오토모티브(AI Automotive)에서, 1976년에서 1983년까지 빅4 오토모티브(Big 4 Automotive)에서 근무했다. 자동차 부품 시장에 뛰어들기 전인 1970년에서 1976년까지는 텍사스의 포스워스에서 아서 영 앤 컴퍼니(Arthur Young and Company)의 경영자 겸 공인회계사로 지냈다.

워커는 현재 세계기업대표단기구(World President's Organization)의 회원이며, 1996년에 자동차부품유통협회(Automotive Warehouse Distributors Association: AWDA)의 의장직을 마쳤다. 또 많은 AWDA 세미나에서 강사로 활동했으며, AWDA의 기념 장학금과 최고업적(Pursuit of Excellence) 상을 받았다. 현재 자동차 애프터서비스 시장 협회(Automotive Aftermarket Industry Association: AAIA) 산하 교육위원회에 속해 있으며 최근에는 국제 프랜차이즈 협회(International Franchise Association: IFA)의 위원으로 선출됐다. 워커 취임 후 마이네케는 미국 프랜차이즈와 딜러 협회(American Association of Franchisees & Dealers: AAFD)에서 수여하는 '가장 뛰어난 프랜차이징(prestigious Fair Franchising)' 인증을 받았다. 마이네케는 타사의 모범이 된다는 점과 뛰어난 능력을 인정을 받아 미국 AAFD의 2001년 올해의 프랜차이저(Franchisor of the Year)로 인정받았다.

고객
유인하기

마크 C. 반 겔더 Marc C. van Gelder

피포드(Peapod) 회장, CEO

온 라 인 소 매 업

피포드(Peapod)는 미국 최대 규모의 온라인 식료품 배달업체로, '오늘 주문 내일 배달'이라는 슬로건 아래 고객의 집으로 기본 식료품을 배달한다. 즉 고객들은 주문한 바로 다음날 물건을 받아볼 수 있다. 피포드는 온라인 식료품업체로는 가장 오래됐으며 1989년 창업 이후 매년 성장을 거듭해왔다. 2000년도부터는 모회사(Peapod by Stop & Shop and Peapod by Giant)가 소유한 슈퍼마켓과 합병하여 동일한 브랜드를 사용하게 되면서 조직의 약점과 구매 능력을 보강하고, 사업전략을 변경하여 모든 사업을 온라인으로 전환했다. 이 사업의 최대 강점은 물건을 직접 사러 나갈 수 없을 만큼 바쁜 개인들이나 가족들에게 편리함을 제공하는 것이다. 미국의 중산층 사이에서 점차 확산되고 있는 편리한 온라인 주문 선호 현상을 겨냥한 사업이다. 그러나 우리의 목표는 편리성만이 아니다. 편리성이 사업 운영의 반을 차지한다면, 나머지 반은 고객들이 주문한 식료품을 되도록 빨리 집까지 배달하는 것이다.

온 라 인 소 매 업 과 기 존 소 매 업 의 주 요 차 이 점

온라인 소매업과 기존의 전통적인 소매업 간에는 여러 가지 차이점이 있다. 첫 번째 차이는 온라인 소매업은 매장이 없다는 것이다. 오프라인 소매업에서는 가게의 입지가 매우 중요한 반면에 온라인업체에게는 웹사이트가 중요하다. 또 다른 차이점은 고객들이 온라인상에서 쇼핑할 때마다 자동적으로 고객 개인의 구매목록이 작성되고, 이 목록은 구매할 때마다 누적되어 기록된다. 따라서 고객들이 쇼핑할 때마다 자신들이 구매한 물품목록을 볼 수 있기 때문에 쇼핑시간을 단축할 수 있다. 반대로 오프라인 매장을 찾는 고객들은 자신의 과거 구매기록을 근거로 구매를 하기보다는 충동구매를 하는 경향이 있다. 사실 우리의 웹사이트를 방문해보면 알겠지만, 우리도 웹사이트상에서 고객들의 충동구매를 이끌어내기 위해 노력한다. 하지만 전통 소매업과는 다르게 온라인 쿠폰이나 구매한 물건과 어울리는 상품을 제시하면서 충동구매를 부추긴다.

매장이 실재한다는 것과 다른 충동구매를 유발시킬 수 있다는 두 가지가 전통 소매업과 온라인 소매업의 차이다. 또 다른 큰 차이점은 온라인업체는 슈퍼마켓과 페덱스(FedEx)나 유피에스(UPS) 같은 배송회사가 결합된 형태라는 것이다. 우리는 배송에 많은 비중을 둔다. 배송이 곧 고객의 편리함과 직결되기 때문이다. 우리는 고객들이 원하는 배송을 하려고 노력한다.

중 대 한 도 전

우리의 사업은 연간 25%의 성장률을 기록하면서 지속적으로 변화하고 있다. 이러한 성장은 몇 가지 외부 환경의 영향을 받은 결과로 볼 수도 있다. 광대역 네트워킹(Broadband) 기술의 발전, 남성들보다 높은 여성들의 인터넷 쇼핑 비율 등은 주요한 환경적 요소다. 이러한 성공에도 불구하고, 우리에게는 앞으로 극복해야 할 세 가지 주요 과제가 있다. 첫 번째 과제는 우리 온라인 매장에서 쇼핑하게 유도하는 것이다. 토마토를 직접 고르기를 원하는 사람들에게 '손이 한 번만 닿은 농산물'을 판다는 것, 즉 농장에서 직접 유통센터로 넘어와 곧바로 고객들에게 배달되는 신선한 상품이라는 점을 인식시켜야 한다.

두 번째 과제는 고객들이 정기적으로 구매하는 습관을 갖게 유도하는 것이다. 사람들은 처음에는 정기적인 구매습관을 보이다가도 곧잘 예전 방식으로 돌아간다. 예를 들면 날씨가 안 좋을 때는 온라인 쇼핑을 하다가 날씨가 좋아지면 오프라인을 다시 찾는다. 매주 온라인으로 쇼핑하는 습관을 들이는 것은 결코 쉬운 일이 아니다. 세 번째 과제는 빠르고 한눈에 들어오도록 웹사이트를 구성하고, 항시 재고품을 구비하며, 시간에 맞춰 배달하는 것이다.

접근방법을 이용한 고객 유인과 유지

사람들이 우리의 서비스를 경험하게 하는 방법 중 하나는 파트너(Stop & Shop과 Giant)들의 오프라인 매장에서 우리 웹사이트를 홍보하는 것이다. 농산물을 포함한 모든 물품 취급 방법과 품질과 출처에 대해 충분히 설명한다. 더불어 옥외의 대형 광고판(billboard), 라디오, 우편물 등을 활용해 고객들의 관심을 끌어보기도 한다. 또 인터넷 사용자들이 온라인 식료품을 검색할 때 우리 회사 이름이 처음에 뜨도록 검색엔진 업체와도 협력한다.

일단 유인에 성공한 고객에게는 이메일, 우편물, 전단지를 주문한 물품과 함께 보내어 지속적인 관계를 유지한다.

우리는 일반 오프라인 식료품 매장이 구비한 물품보다 더 양질의 물품만 고객에게 제공한다. 오프라인 상점이 평균 4만 개의 상품을 구비해놓는 반면에 우리는 1만 개의 엄선된 상품만을 제공한다. 이는 4만 개 중에서 고객들이 가장 원하는 것, 가장 잘 팔리는 것, 그리고 오프라인 상점에서 고객들이 선호하는 상품의 사이즈와 브랜드 등을 관찰한 뒤 엄선된 상품만을 모은 것이다.

고객들은 쇼핑할 때 곧잘 이전 구매목록을 참고하기 때문에 우리는 신상품이 출하되면 신상품을 그들의 구매목록에 포함시키기 위해 노력한다. 이를 위해 웹사이트에 '신상품' 코너를 만들고 제품을 소개하거나 고객들이 자신들의 구매목록에서 신제품을 볼 수 있게 한다. 고객들의 쇼핑 목록에 최대 네 개의 할인제품을 소개한다. 신상품을 할인된 가격으로 제공함으로써 고객들이 신상품을 보도록 유인하고, 제품에 'new' 자를 표시하여 고객들에게 신제품이라는 것을 알린다.

아직도 많은 고객들은 구매목록을 통해 구매하는 경향이 높다. 우리 사이트나 타 식료품 사이트는 아마존(Amazon)과 같은 발달된 사이트를 구축하지는 못했지만 많은 정보를 모으고 분석할 수 있는 웹의 특성을 이용해, 고객들이 버튼을 클릭하는 순서를 분석하여 고객들의 구매 행태를 예측하고 판매를 촉진한다. 우리는 장바구니 크기 즉 주문량을 늘리기 위해 많은 노력을 쏟은 결과, 교차판매와 충동구매를 주로 이용하여 3년 전에 106달러이던 평균 주문량을 현재 143달러로 늘릴 수 있었다. 예를 들어 고객이 땅콩버터를 구입하면 잼과 빵도 판매하려고 노력한다. 또 상품 소개를 쉽게 하기 위해 우리는 웹사이트를 여러 형태로 만들었다. 제품의 사진과 영양 정보뿐만 아니라 지방함유량이나 설탕함유량, 칼로리 등에 따라 분류하여 고객들이 상세 정보를 얻을 수 있게 구성했다.

양 질 의 고 객 서 비 스 제 공

양질의 고객 서비스를 제공하는 것은 매우 중요하다. 빠른 배송은 고객을 만족시키기 위한 중요한 요소다. 어떤 사업이라도 실수는 할 수 있다. 따라서 우리는 전국의 고객들이 겪는 문제를 최대한 빠르고 친절하게 해결해주기 위해 중앙 고객서비스 콜센터를 시카고에 운영하고 있으며, 친절하게 서비스할 만한 직원을 고용하려고 노력한다. 사람들은 실수 자체에는 관대하지만 그 실수를 어떻게 처리하느냐에 대해서는 관대하지 않다. 실수를 하더라도 제대로 된 방법으로 문제를 해결한다면 고객들은 만족할 것이라고 믿는다. 우리는 고객들의 기록을 보관하고 있고, 필요에 따라 이 기록을 찾아보면서 고객들과의 관계가 어떠했는지를 조사한다.

우리는 고객을 위해 많은 조사와 연구를 한다. 고객들은 의견을 제시하기를 좋아한다. 웹상에서 의견에 대한 고객들의 응답률은 오프라인보다 훨씬 높다. 우리는 고객들의 의견을 듣기 위해 많은 노력을 하고, 여러 가지 수단을 이용한다. 전형적인 고객 설문조사뿐만 아니라 웹서비스를 이용한 조사를 하기도 한다. 우리는 자료 분석을 통해 특정 고객을 선택하고 이들에게 우리 서비스에 대한 의견을 물어본다. 가격에서부터 심지어는 배달원들에 대한 의견까지 고객 서비스에 대해 자세히 묻기도 한다. 마지막으로 표적집단(focus group)을 만들고 이들을 초대하여 온라인 쇼핑 경험과 의견을 수렴한다.

위험도 평가

우리는 위험이 따르는 새로운 방법을 시도하기도 한다. 대체로 새로운 방법을 확대 시행하기 전에 소규모의 실험을 통해 새로운 방법이 사업에 미치는 영향과 효과를 평가함으로써 위험을 줄인다. 주로 새로운 상품이 들어오면, 우선 상품을 평가하고 상품의 판매 가능성을 조사함으로써 위험을 줄인다. 위험도는 고객들이 어떻게 반응하는지를 기준으로 평가해야 한다.

시장을 평가할 때, 우선 아이들이 있어 분주한 가정과 전문직 종사자들을 분석해서 소규모 사업의 가능성을 타진한다. 두 번째로 중요한 점은 인구밀도인데 일반적으로 도시 지역이 농업 지역보다 장사가 더 잘된다. 시장에서의 성공을 알리는 첫 번째 신호는 얼마나 빨리 새로운 고객이 증가하는냐이며, 두 번째는 고객의 주문량이다. 고객이 많더라도 주문량이 적다면 이익을 내기 어렵기 때문이다. 또 다른 평가 기준은 배송이다. 교통 정체 등으로 배달원들이 제시간에 배달하지 못하는 경우가 없어야 한다.

회사의 비전

우리에게는 세 가지 비전이 있다. 첫 번째는 고객을 대상으로 수익 높은 사업을 하는 것이다. 성장과 수익은 매우 중요하다. 두 번째는 직원들에게 동기를 부여하는 것이고, 세 번째는 새로운 기술과 새로운 서비스에 기반을 둔 신상품을 고객들에게 제공하는 것이다.

동기부여를 하기 위해서는 직원들과의 대화가 가장 중요한데, 우리는 열린 대화 문화를 지향한다. 일반적으로 마케팅, 머천다이징 부서뿐만 아니라 회사가 선호하는 직원은 혁신적인 성격을 가진 사람이다. 우리는 고객봉사에 대한 열정이 가득하고 혁신적으로 일을 해낼 수 있는 사람을 채용하려고 노력한다. 직원들과 많은 대화를 나누고 개인별 목표를 정하게 하여 목표를 달성하는 사람에게는 장려금을 지급한다.

우리는 직원들을 장려함으로써 회사에 대한 소속감을 견고히 하고 이직하지 않도록 독려한다. 사실 이 회사는 파킨슨 형제(Andrew and Thomas Parkinson)에 의해 설립됐는데 그들은 아직도 사업의 주요 부문을 담당하고 있으며 회사가 지속적으로 성장하기를 원한다. 바로 이런 것이 우리 회사의 문화를 잘 반영하고 있다고 볼 수 있다. 한 번 회사에 들어오면 회사에 남아서 열심히 일하기를 원하며, 우리는 이를 장려하기 위한 대책을 마련하여 직원들을 격려한다.

성공의 구성 요소

성공이란 이익이 계속 증가하는 것이다. 유능한 직원을 꾸준히 보유하고 능력 있는 새로운 직원을 채용하는 것도 성공의 일부라고 할 수 있다. 또한 온라인 식품 소매업계에서 앞서가는 것도 성공의 일부라고 할 수 있다.

스톱 앤 숍(Stop & Shop)이나 자이언트(Giant)와 마찬가지로, 우리 회사도 동부(East Coast)에서 성장할 기회가 있다고 본다. 우리는 사업을 처음 시작한 시카고를 비롯하여 현재는 보스턴, 뉴욕-롱아일랜드(New York-Long Island), 뉴욕-웨스트체스터(New York-Westchester), 코네티컷(Connecticut)과 워싱턴 (Washington DC)에 매장을 냈다. 코네티컷에는 매장이 있지만, 로드아일랜드 (Rhode Island)에는 매장이 들어서지 않은 곳이 여전히 많다. 따라서 동부에서 성장할 가능성과 기회는 아주 많다고 생각한다.

소매업의 변화

온라인상에서 쇼핑을 하면서도 다음날에는 오프라인 매장에서 쇼핑을 하는 사람들이 늘어나고 있다. 즉 온라인과 오프라인의 경계가 불명확해진다는 것이다. 소매업에서 일어난 한 가지 큰 변화는 소비자들은 식료품을 사기 위해 하나의 유통경로만 이용하는 것이 아니라는 점이다. 또 다른 큰 변화는 사람들이 편리성을 추구한다는 것이며, 바로 이 점이 우리 사업의 성장을 북돋았다. 소비자들의 요구가 점점 증가하면서 한 매장에서 모든 상품을 구매하는 것에는 한계가 있다. 따라서 소비자들은 상황과 시간에 따라 매장을 선택해서 상품을 구매한다.

전반적인 경향을 보면 온라인 식료품 소매업은 지속적으로 성장하고 있다고 볼 수 있다. 통신과 인터넷이 점점 발전·확산되고 컴퓨터가 부엌의 일부가 되는 것은 우리 사업 발전에 크게 기여한다.

식료품 사업은 결코 만만치 않다. 사람들은 먹어야 하고, 고객에게 양질의 식료품을 효율적으로 배달해야만 오늘날 시장경제에서 살아남을 수 있다. 또한 효율성을 유지해야 하며, 품질 면에서도 고객들의 신뢰를 얻어야 한다.

이 분야의 사업은 모든 것이 10년도 채 못 됐다. 직원들은 변화를 좋아하고 변화 속에서 번영하며, 변화를 도전으로 여기고 기꺼이 받아들인다. 이는 우리 사업이 성공하기 위한 가장 중요한 요소다. 소매업에서는 잘못된 점은 즉시 나타나고 만족은 오래가지 않지만, 잘만 운영한다면 고객들에게서 곧바로 인정받게 된다.

지 속 적 인 성 공

소매업계에서 성공하기 위한 방법 중 하나는 고객의 요구에 초점을 맞추는 것이다. 둘째는 고객의 주문량을 늘리는 것이고, 셋째는 직원을 교육하는 것이다. 도전과 고객 중심의 사업, 그리고 무엇인가 새로운 것을 만들어내는 데서 보람을 느끼는 것이 소매업의 매력이라고 할 수 있다.

마크 C. 반 겔더 Marc C. van Gelder

마크 반 겔더는 현재 피포드의 회장이자 CEO이다. 2000년에 피포드에 입사하기 전, 1988년 11월부터 2000년 4월까지 스톱 앤 숍 컴퍼니(The Stop & Shop Company)에서 자재 담당 부사장을 역임했으며, 네덜란드 어홀드(Ahold)의 자회사인 스톱 앤 숍(Stop & Shop)에 들어가기 전인 1996년부터 1998년 11월까지 어홀드의 사업추진 부서에서 프로그램 담당 이사와 영업 담당을 맡았으며, 그 이전인 1990~1996년까지는 맥킨지 앤 컴퍼니(McKinsey & Company)에서 수석책임자를 역임했다. 네덜란드 로테르담에 있는 에라스무스 대학에서 경제학 석사학위를 받았으며 펜실베이니아 대학 워튼 스쿨 경영대학원(Wharton School of Business)에서 MBA를 취득했다.

고객 서비스의 기술

제프리 스톤 Jeffrey Stone

트위터 홈 엔터테인먼트 그룹(Tweeter Home Entertainment Group, Inc.) 사장, CEO

소 매 업 - 한   가 지   비 전

소매업은 한 가지 이유에서 시작된다. 일반적으로 소비자들이 찾는 특정 상품이나 서비스를 현재보다 더 나은 방법 또는 독특한 방법으로 소비자에게 제공할 수 있다고 믿는 사람들이 소매업을 시작하는 것이다. 소매업이란 값을 지불하는 고객에게 상품 혹은 서비스를 제공하는 것을 말하며, 고객이란 매장에 들어와서 돈을 쓸 준비가 된 사람들을 말한다. 따라서 소매업자가 해야 할 일은 고객을 맞을 준비를 하고 이들에게 최상의 서비스를 제공하는 것이다.

고 객   서 비 스 의   기 술

대부분의 소매업사들은 고객 서비스의 기술을 잊은 듯 보인다. 고객 서비스란 매장에 들어온 고객의 욕구를 충족시켜줄 뿐만 아니라 그가 매장을 나설 때 얼굴 가득히 만족한 미소를 띠게 하는 것이다.

고객들은 다양한 이유로 쇼핑을 즐겨한다. 그 이유 중 하나는 인간은 사회적인 동물이어서 다른 사람과 함께 있는 것을 좋아한다는 점이다. 이런 까닭에 사람들은 쇼핑을 할 때도 좋은 인간관계를 경험하기를 바란다. 이것이 바로 우리 회사 트위터가 고객들에게 제공하려는 것이다. '옛 방식' 그대로의 고객 서비스가 새롭게 도래한 기술 세상에서도 여전히 큰 영향력을 끼치는 것에 놀랄 뿐이다. 트위터 홈 엔터테인먼트 그룹(Tweeter Home

Entertainment Group)은 전자제품 소매업 회사로 홈오디오, 텔레비전과 자동차 스테레오를 판매한다. 우리 고객 대부분은 부유층이며 품질과 서비스에 매우 민감하다.

사업 초부터 트위터는 고객을 가장 중요시해왔다. '무슨 일로 오셨습니까?', '집에 가셔서 문제나 의문이 있으시면 언제든 연락 주십시오' 등 일상 속의 배려나 따뜻한 미소와 같은 소소한 것에서 고객들은 자신이 환영받고 있다고 느끼며, 우리 매장이 그들의 관심과 방문에 감사하고 있음을 알게 된다. 자동화된 세상에서 내가 가장 좋아하는 효과적인 서비스는, 고객이 매장으로 전화했을 때 복잡한 안내 메시지로 고객을 고생시키기보다는 직원이 직접 전화를 받는 것이다.

현재 미국 전역에서는 여러 가지 이유로, 소비자들이 매장을 방문하는 것이 쉽지 않다. 방문하더라도 만족할 만한 쇼핑을 경험하기는 더욱 힘들다. 긍정적인 상호작용은커녕, 고객이 직원과 얘기를 나누는 경우도 드물고 상품을 구매하는 고객도 그리 많지 않다. 직원이 인사를 한다손 쳐도 그 태도가 불친절해서 물건을 구매하기보다는 가게에서 당장 나가고 싶다고 생각할 정도다.

사실 고객에게 특별하고 효과적인 서비스를 제공하는 일은 그리 거창하거나 실행 불가능한 것이 아니다. 다만 소매업이 발달하는 과정에서 친절한 서비스를 직접 제공해야 한다는 개념이 직원들에게서 완전히 사라져버린 것이 문제일 뿐이다.

소 비 자 인 소 매 업 자

우리 모두는 소비자다. 그러나 많은 소매업자들은 이런 사실을 모르고 있는 것 같다. 만일 이 사실을 안다면 자신들이 대접받고 싶은 만큼 고객들을 대해야 한다. 많은 소비자들과 대화를 나눠보면, 대부분의 소매업자들은 고객의 최저기대치 정도만을 만족시켜준다고 한다.

최근 미국 전역의 주요 도시에서 2주 동안 열린 회의에서 3,500명의 트위터 직원들에게 지난 1년 동안 만족스럽고 기억에 남을 만한 쇼핑을 했던 경험이 있었는지를 물어보았다. 약 20명 정도가 그렇다고 대답했다. 미국 9개 주요 도시의 3,500명 중 고작 20명만이 만족스러운 쇼핑을 경험한 반면에 대부분의 사람들은 불쾌하거나 기억조차 없는 쇼핑을 경험했다고 대답했다.

미국에서는 소매업자들 간의 경쟁이 치열해지면서 각 소매업자들은 지출을 줄이기 위해 많은 직원들을 해고시켰고, 고객들을 매장 안으로 유인하기 위해 몇십억 원을 광고비로 지출했다. 고객을 맞을 만한 직원이 없는 데도 고객을 유인하려고 광고하는 것은 이치에 어긋난다.

고객과의 관계를 결코 과소평가해서는 안 된다. 고객은 이 가게가 좋은 서비스를 제공하는지, 나를 진심으로 생각하는지, 내가 찾아오는 이유에 대해 알고 있는지를 쉽게 알아차린다. 만약 가게에서 좋은 대우를 받으면 고객들은 그 가게를 다시 방문하여 물건을 구매할 것이고, 때론 자신이 가게 직원이라도 되는 것처럼 주변 사람들에게 가게 서비스에 대해 소문을 퍼트리고 홍보를 하게 된다. 이 모든 것이 고객을 진심으로 정성껏 대할

때 고객들이 당연히 취하는 행동이고 고객들은 언제나 이러한 매장을 선호
하게 된다.

고 객 유 지 하 기

트위터에서는 고객층의 높은 반복 쇼핑률을 자랑한다. 고객들이
묻는 질문에 대답할 수 있는 능력과 열정을 지닌 직원들이 매장에 있기
때문이다. 우리는 직원들에게 고객의 욕구를 충족시키고 고객들이 만족스
럽게 쇼핑할 수 있게 최선을 다하라고 교육하고 있다. 하지만 트위터뿐만
아니라 타 소매업자들도 이러한 서비스에만 만족해서는 안 된다. 고객을
유지하기 위해서는 매장과 고객 사이에 개인적이거나 또는 직업적인 관계를
맺어야 한다. 고객과 좋은 관계를 유지하기 위해서는 마지막까지 최선을
다해 고객을 모셔야 하며 이것이 성공의 열쇠라고 할 수 있다. 구입한
상품에 대한 만족도를 묻는 판매원의 전화를 마지막으로 받아본 것이 언제
였는가?

트위터의 고객들은 집에 도착해 제품에 문제가 생기거나 질문이 생기면
바로 전담 판매원에게 문의할 수 있다. 회사의 판매 팀은 곧 이익 창출이라는
것을 알고 있다. 고객이 문의하면 필요할 경우에는 판매원이 직접 방문하여
구입한 제품에 만족하는지, 조립이나 작동하는 데 어려움을 겪고 있는지를
확인한다. 고객 서비스는 고객이 상품을 구입한 뒤 매장을 나갔다고 해서
끝나는 것이 아니다. 고객과의 지속적인 관계를 유지하면서 고객이 가게를

긍정적으로 평가하도록 유도해야 한다. 하지만 이런 식으로 사업하고 마케팅하겠다고 말만 하는 것과 직접 실행하는 것에는 큰 차이점이 있다. 고객들은 예전보다 훨씬 더 현명해졌기 때문에 그 차이점을 안다.

가 치 경 영 에   대 한   개 인 적 인   의 견

회사가 문화를 만드는 것이 아니라 문화가 회사를 만든다. 우리 회사의 목표는 비교적 간단하다. 개인으로서든 그룹으로서든 사업의 모든 면에서 최고가 되는 것이다. 우리는 고객들이 세계 최고의 쇼핑을 경험하기를 바라며, 트위터의 모든 직원에게 최고의 고용주가 되길 바란다. 대중들이 트위터가 가장 유명한 브랜드이고 우리 매장이 판매 면에서 가장 경쟁력 있다고 인식하기를 바란다. 이 목표를 달성하기 위해 우리는 최선을 다하고 있다.

트위터가 추구하는 경영방식과 문화에 대해 언급하기 전에 우선 내 개인적인 생각을 소개하겠다. 나는 기독교인이다. 하나님은 뜻을 이루기 위해 사람들을 지구상에 살게 했고, 우리가 살 수 있는 기간은 한정되어 있다고 생각한다.

한정된 기간만 살 수 있기 때문에, 이 세상에 머무르는 동안 보람된 일을 하고 가는 것이 바람직하지 않을까? 나는 의사가 될 만큼 똑똑하지 않아 사람들을 살릴 수 없고, 과학에는 일가견이 없어 질병을 고칠 수도 없다. 하지만 내가 할 수 있고 하고자 원하는 것은, 자신의 일에 전념하는 사람들을 교육시켜 그들이 종사하는 곳에서 좋은 성적을 내게 하는 것이다.

열정이 반밖에 없는 노력은 반만의 효과만을 만들어낸다. 반만의 열정은, 한정된 시간을 사는 우리들의 보람 있는 일을 하기 위한 시간을 낭비하는 것이다. 오늘 직장에 출근해서 최선을 다할 것인가, 그저 그런 태도로 일관할 것인가? 모든 것은 의욕의 차이로 볼 수 있다. 나는 이런 견해를 몇 년 동안 반복해서 팀에 전달했고, 이런 생각은 나의 의욕을 북돋아주었다.

나는 도덕관념이 투철한 부모님 밑에서 자랐다. 특히 아버지는 도덕적인 일에 대해서는 굉장히 철두철미하신 분이셨다. 자랑스럽게도 나는 부모님으로부터 이러한 도덕관념을 이어받았다. 이런 도덕적 가치관 때문에 직원들뿐만 아니라 투자자와 사업 파트너들이 나를 믿고 따라와 주었다고 생각한다. 이 회사에서 일하지 않기로 결정한 사람들은, 아마도 나와는 다른 가치관을 가졌으리라고 생각한다.

우리 회사에는 동일한 도덕적 관념과 윤리의식, 그리고 목표를 가진 사람들이 많기 때문에 많은 것을 공유하고, 자주 의견을 교환한다. 성공을 위해 최선의 노력을 다하고, 동료들 서로가 존중하며, 업무에 대한 열정과 희망으로 가득 차 있다. 이것이 우리 회사의 문화다. 나를 포함한 옆 사무실 직원도, 복도 아래층에 있는 여직원도, 보스턴의 매니저도, 샌디에이고의 판매원도, 모두 이 문화를 따른다. 따라서 우리가 사람으로서 무엇을 해야 하는지, 어떤 행동을 해야 하는지, 그룹으로서 무엇을 해야 하는지, 고객과 사업 파트너를 어떻게 대해야 하는지 등 회사 내에 일관성이 생기게 된다. 이것이 조직의 문화다.

나는 협력적인 경영방식을 선호한다. 혼자 의사결정을 하는 것이 두렵거나 책임을 지는 것이 부담스러워서가 아니다. 많은 사람들이 참여하는 경영 방식이 효과가 있다고 믿기 때문이다. 20개의 두뇌가 1개의 두뇌보다 현명한 의사결정을 할 수 있기 때문이다.

1년에 한두 번 정도 임원들은 난상토론(brainstorm)을 하기 위해 회사를 떠나 다른 곳에서 모임을 갖는다. 회사 사무실의 '네 개의 벽'을 떠나 산업의 화젯거리나 전략적인 방향에 대해 열정적인 토론을 하는 것은 회사의 미래를 계획하기 위해 지난 십 년간 써온 방법이다. 이렇게 회사 외부에서 하는 수뇌회의는 회사의 방향을 조정하고, 중요한 사업을 결정하며, 일터로 돌아가서 맑은 머리로 일을 하는 데 많은 도움을 준다. 또한 전체적인 동료의식과 회사 내 문화를 고취시키는 데 도움이 된다.

나는 사장으로서 인정이 많은 편이라고 생각하지만, 성공적인 기업을 만들기 위해서는 결단력이 필요하다. 대부분의 회사 지도자들이 그러하듯이 나 역시 직원들을 자극해 그들을 성공으로 이끌고 싶다.

조직원들이 리더십을 따르고 리더의 가치관에 동의한다면, 그들은 조직에 오래도록 머무를 것이고, 좋은 문화를 가꾸어갈 것이다. 결과적으로 이런 문화는 성공적인 팀과 사업을 이끌어낼 것이다.

직 원 채 용

회사가 성장하면서 능력 있는 사람을 채용하고 적재적소에 배치하는 것은 매우 중요하다. 트위터의 임원들과 중간 경영층의 이직률은 매우 낮다. 또 일반 매니저층의 이직률도 매우 낮다. 직원들은, 임원들의 행동이나 결정이 마음에 내키지 않을 경우 반대할 수 있는 권한이 있다. 즉 모든 직원들이 자신의 주장을 표현할 수 있는 문화이기 때문에 이직률이 낮은 것 같다.

업무에 대해 열정을 품은 사람을 찾는 것만큼 중요한 것은, 회사의 문화나 가치관을 함께 공유할 수 있는 사람을 찾는 것이다. 업무에 대한 열정과 성의가 없는 직원들로 이루어진 회사가 전국에는 너무도 많다.

우리는 활기찬 사람을 좋아한다. 오디오나 비디오에 대한 해박한 지식보다는 무언가를 향한 열정이 있어야 한다. 우리는 정직하며 일에 열심이고, 덕망 있는 사람을 찾는다. 열정을 가진 사람이라면, 교육 프로그램을 통해 각광받는 판매원으로 키워낼 수 있다. 마음속에 열정이 있는 사람이라면 거의 모든 것에 열정을 쏟을 수 있는 잠재력이 있기 때문이다. 매장이나 식당에 들어갔을 때 누군가 성심성의껏 열정적으로 인사하고 안내한다면 고객들이 무언가를 구매할 확률은 높아진다.

우리는 관심이 많은 사람을 찾는다. 어디에 관심을 쏟는지는 중요하지 않다. 다만 마음속에 관심을 담고 있으면 된다. 어떤 이유에서인지 시장에서 일하는 사람 중 많은 이들이 고객을 비롯해 그 어느 것에도 관심을 두지 않는다. 고객에게 관심을 가지고 있는 사람들은 고객이 즐겁게 쇼핑할 수 있도록 최선을 다한다. 관심을 갖고 남을 배려할 줄 아는 사람들은 양심적이고 성실하며, 동료나 고객을 실망시키지 않는다.

간단히 말하자면 사업을 성공적으로 경영하기 위해서 가장 중요한 것은 사람이다. 탁월한 상품, 서비스, 전략은 2·3·4위로 그 뒤라고 생각한다.

입 지 조 건

소매업에서 입지는 매우 중요한 요소이다. 좋은 입지는 많은 소매업체가 있는 곳이다. 우리는 중간 규모의 소매업체로 전국적인 브랜드 인지도도 없고, 시장점유율, 홍보 영향력이 많이 부족해서 새로운 지역에서 혼자 장사하기는 어렵다.

우리는 백화점이나 소매업 활동이 많은 큰 센터나 쇼핑몰 같은 대체로 구매자들의 발길이 많이 닿는 장소를 입지로 선정한다. 또 가능하다면 반 마일 내에 쟁쟁한 경쟁자가 있는 곳이 좋은데, 고객들은 많은 지출을 해야 할 경우 인접한 경쟁업체의 가격을 비교해 물품을 구입하기 때문이다.

어떤 의미에서 보면 경쟁자들의 광고가 고객들을 우리 매장으로 끌어들이는 데 도움을 준다. 물론 우리도 홍보에 상당한 돈을 투자하지만, 사람들의 통행량이 많고 여타 소매업 매장이 많이 들어선 곳에 매장을 내게 되면 간판을 보고 들어오는 고객들도 많이 있기 때문이다.

소 매 업 의 가 장 큰 장 애 물

미래에 성공적인 소매업자가 되기 위해서는 변화에 효율적으로 대처하는 것이 중요하다. 가속도가 붙을 만큼 '변화의 속도'는 빨라졌다. 변화는 가끔 일어나는 것이 아니라 말 그대로 사업 중에 매일 일어나는 것이다. 따라서 조직은 변화에 대응할 준비가 되어 있어야 하며, 변화를 받아들일 수 있어야 하고, 변화를 이뤄낼 수 있어야 한다.

소매업의 많은 부분은 실시간으로 바뀌고 있다. 나이나 민족에 따른 인구변동, 지속적인 상품 변화, 적응하는 시간보다 더 빠르게 변화는 기술, 경쟁자의 변화로 인해 시장은 매일 변화하고 있다. 회사를 제대로 운영하기 위해서 경영자들은 이러한 다양한 변화에 대해 알고 있어야 한다. 마찬가지로 소매업자로서 고객에게 최고의 서비스를 제공하기 위해서는 변화를 모니터하고 수용할 수 있어야 한다.

지난 십 년간 전자제품 사업뿐만 아니라 소매업 전체에서의 경쟁은 상당한 변화를 겪어왔다. 날마다 우리와 비슷한 사업에 새로 뛰어들거나 망해 나가는 회사들이 줄을 잇는다. 도시마다 1달러를 위해 경쟁하는 가게 수가 증가한다. 십 년 전만 해도 우리 시장에는 소수의 경쟁자만 있었다. 하지만 이제는 트위터(Tweeter), 베스트 바이(Best Buy), 서퀴트 시티(Circuit City), 월마트(Wal-Mark), 타깃(Target)을 비롯한 대형 소매업자들이 있고 지역에는 각 지역 소매업자들이 있다. 서점의 경우를 보면 7~8년 전만 해도 지역마다 몇몇 소형 서점이 있었을 뿐이다. 지금은 반즈 앤 노블(Barnes & Noble)과 보더스(Borders)가 운영하는 대형 서점이 10~15개씩 주요 시장마다 세워져, 여러 소형 서점과 경쟁하고 있다.

소매업에서는 능력 있는 판매 팀을 유지하는 것 또한 도전이다. 앞서 경영진의 이직률을 언급했는데 이제는 판매원의 이직률에 대해서 살펴보자. 다른 소매업을 살펴보면, 대체로 판매원들의 이직률은 세 자릿수를 기록한다. 이는 어느 해이든 평균 100%를 넘는다는 것이다. 그러나 우리 회사의 판매원 이직률은 타사에 비해 매우 낮은, 평균 16~35%를 기록했다.

경제가 좋을 때나 나쁠 때나 또는 계절에 따라 판매원을 유지하는 것 역시 도전이다. 야근도 하고 때론 주말에도 나와 특근까지 해야 하기 때문에, 가정이 있는 직원들에게는 때때로 문제가 생길 수도 있다.

우리 회사는 직원에 대한 대우가 좋기로 평판이 자자하다. 우리 회사의 이직률이 다른 소매업체보다 낮다는 것은 직원들을 올바르게 대우하고 있다는 실례라고 생각하며, 회사 문화의 단면을 보여주는 것이라고 생각한다.

우리에게는 기술마저 도전일 수 있다. 날이 갈수록 상품은 기술적으로 복잡해지기 때문이다. 따라서 새로운 기술을 이해하여 고객에게 설명하고 고객의 집을 방문하여 아무 문제없이 상품을 설치할 수 있는 능력 있는 직원이 필요하다.

고객들은 그저 우리 상품이 가져다주는 새로운 생활양식과 장점을 즐기고 싶어 한다. 단추 하나를 눌러 모든 전자제품을 제어할 수 있게끔 상품을 설치할 수 있어야 한다. 이렇듯 사용자를 위한 간단한 전자 설치가 우리가 추구하는 것 중 하나다. 제품을 통합하고 설치하는 실력이 미래에도 우리 회사를 성공적으로 살아남을 수 있게 하는 경쟁력이 될 것이다. 판매 제품의 품질도 중요하지만, 그보다 더 중요한 것은 고객을 위해 제공하는 서비스다. 2만 달러짜리 시스템도 좋지만, 이 시스템을 작동시키기 위해 리모컨 6개와 자녀들의 도움이 필요하다면 2만 달러어치의 즐거움은 없을 것이다. 이런 불편함을 해소시켜주는 것이 우리 회사의 일이다.

이익 창출

시장에서 이익을 창출하려면 우리가 누구인지 이해하는 것이 중요하다. 이것은 우리가 돈을 낭비하지 않게 하고, 우리가 해야 할 일에 초점을 맞출 수 있고, 이에 따라 전략을 세우고 마지막으로 고객에게 양질의 서비스를 제공하는 데 도움을 주기 때문이다.

지난 몇 년간 우리는 이익과 손실에 대해서 모든 수준의 경영 팀을 교육시켜왔다. 매장과 각 부서의 매니저, 부서의 책임자들은 판매량, 전체 이윤과 비용에 책임이 있다. 그들은 운영예산 대비 목표 달성 매출액에 따라 보너스를 받는다. 우리는 엄격한 보고체계를 구축했다. 매달 보고를 통해 직원들의 성과를 평가한다. 이익을 추구하는 기업으로서 주주를 위해 이윤을 창출하는 것은 선택의 문제가 아니라 의무인 것이다.

기업이 이익의 중요성을 깨닫고 이익이 무엇인지 정의를 내리는 것은 중요하다. 기업의 보너스와 수당 계획은 이익을 염두에 두고 세워야 하며 그렇지 않은 경우에는 목표를 달성하더라도 파산할 수 있으며 결국에는 직원들도 일자리를 잃을 수밖에 없다.

잘 팔리는 물건의 특징

회사의 이미지를 높이면서 많은 이윤을 창출하는 상품을 판매하는 것은 매장의 수익을 높이는 데 필수적인 요소다. 현재 트위터에서 이런 기능을 하는 상품은 평면 텔레비전이다. 평면 텔레비전의 '근사함'이 많은 고객을 매장으로 끌어들이고 있다.

트위터의 목표는 벽걸이형 평면 텔레비전 전문업체로서 시장에 자리 매김하는 것이다. 텔레비전은 더 이상 거실의 반을 차지하고 실내 인테리어를 방해하는 부피 큰 정사각형 상자가 아니라 벽에 거는 날씬하고 평평한 모양의 실내 인테리어를 위한 하나의 장식품이다. 벽걸이형 평면 텔레비전은 생활양식과 멋에 관련된 상품이다. 특히 대부분의 여성들은 거실의 반을 차지하는 큰 텔레비전을 싫어한다. 벽걸이형 평면 텔레비전 기술은 컬러텔레비전 출시 이후 텔레비전 산업에서 일어난 가장 큰 변화다. 트위터는 디지털 시대를 맞이하여 벽걸이형 텔레비전을 구매하려는 수백만 명의 고객을 맞이할 유리한 위치에 있다.

미 래 내 다 보 기

현명한 소매업자들은 동일한 사업에 종사하는 대규모 주요 기업에 주목한다. 이들은 경쟁자의 매장에서 쇼핑을 해보고 경쟁자들에 대한 신문기사를 읽고 무엇이 그들을 경쟁자와 차별화하여 성공으로 이끌었는지를 분석하고 찾아낸다. 우리는 이런 과정은 성공을 위한 중요한 요소이며 경쟁우위를 창출할 수 있는 길이라고 생각한다.

소매업이 미래에도 경쟁력을 갖기 위해서는 독특한 상품을 판매할 수 있어야 하며 적은 비용으로 상품을 제공할 수 있어야 한다. 그리고 차별화하기 위해서 잠재 수요가 있는 전문화된 틈새시장(niche market)을 개척하는 것이 바람직하다. 당신의 판매 제안에 고객들은 평가를 내릴 것이고, 이 평가 결과에 따라 성공이 결정된다. 지난 수년간 트위터는 대중시장에서는 볼 수 없는 양질의 상품만을 제공해왔고 전문적인 판매 팀을 구성하여 서비스를 집중하는 조직에 기반을 두고 성장해왔다.

앞으로 3~4년간 우리가 해결해야 할 도전은 고객들의 욕구를 충족시켜 주면서 기술 발달에 발맞춰 전략을 변경하는 것이다. 성공적인 소매업자는 주위의 환경과 고객들이 어떻게 변화할지를 예측할 수 있어야 한다.

성 공 측 정 하 기

소매업에서의 진정한 성공은 세 가지 측면에서 측정할 수 있다. 대부분의 회사가 이 중 한두 가지 측면에서만 만족할 따름이다. '최고 중의 최고'만이 이 세 가지를 다 충족할 수 있다고 생각한다. 스스로에게 세 가지 질문을 해야 한다. '고객들은 우리를 어떻게 보는가', '직원들은 우리를 어떻게 보는가', 마지막으로 '우리는 이익을 얻고 있는가'

첫째는 고객들이 당신의 매장에서 즐거운 쇼핑을 경험했는지 여부다. 이는 고객들이 얼마나 반복적으로 당신의 매장을 방문하는지 반복 방문 횟수를 분석해보면 알 수 있다. 고객의 이름과 주소를 매장의 POS 시스템을 통해 컴퓨터에 저장해놓는다면, 고객이 얼마나 자주 매장을 방문하는지를 검색을 통해 알 수 있다. 대부분의 고객들이 반복적으로 매장을 방문한다면,

당신은 성공의 첫째 측정에 합격한 것이다.

둘째이자 가장 알기 쉬운 소매업 성공의 척도는 이익이다. 어떤 회사든지 제품을 무료로 나눠주거나 가격을 할인하여 판매할 수는 있지만 이익을 낼 수는 없다. 이익이 없으면 다음날부터는 장사를 할 수 없다. 이익이 있다는 것은 망하지 않고 다음날에도 고객을 맞이하여 서비스를 제공할 수 있다는 뜻이지만, 고객들은 가끔 이 부분을 이해하지 못하는 것 같다.

마지막으로 앞서 말했듯이 직원이직률은 회사 성공에 큰 영향을 미친다. 이직률이 낮다는 것은 직원들이 회사의 정책에 만족하며 회사도 직원들을 올바르게 대우하고 있다는 표시다.

고객, 직원, 이익. 이 세 가지 중에 고객과 직원이 당신을 사랑하는 환경을 조성할 수 있다면 이익은 항상 따라오게 되어 있다!

제프리 스톤 Jeffrey Stone

제프리 스톤은 트위터로 오기 전에 가구사업에서 많은 전문 소매업 경험을 쌓았다. 매사추세츠 주 데덤(Dedham)에 있는 레빗 퍼니처(Levitt Furniture)에 처음 입사해, 1984년에는 매사추세츠에 기반을 둔 스칸디나비안 디자인(Scandinavian Design) 체인으로 직장을 옮겼다. 그는 그곳에서 인사관리 매니저로 근무했으며, 인사관리와 교육 담당 부사장직을 역임했다.

내추럴 푸즈(Natural Foods)의 슈퍼마켓 체인인 브래드 앤 서커스(Bread & Circus)로 이직한 그는 1987년에 인사관리 및 교육 담당 부사장직을 역임했고, 전문 경영 그룹을 회사 내에 조직하는 일을 담당했다. 같은 해에 사업을 감독하는 행정 부사장직을 역임했고, 건강식품 체인의 빠른 성장과 성공을 위해 중요한 역할을 했다.

1990년 트위터 홈 엔터테인먼트 그룹(Tweeter Home Entertainment Group)의 위원회에서는 새로운 사장을 찾고 있었는데, 스톤을 적임자로 생각하여 1999년 1월에 사장으로 임명했다. 그는 사장의 지위에 있던 지난 십 년간 회사를 크게 성장시켰다. 트위터는 1990년에는 뉴잉글랜드 세 개 주에 13개 지점만 있었지만, 현재는 21개 주에 177개 지점을 둔 회사로 성장했다. 그는 회사 창설자인 샌디 블룸버그(Sandy Bloomberg)와 함께 회사의 전략적인 방향을 결정하고 성공적인 경영을 위해 지휘·감독한다. 2002년 트위터는 약 7억 9,600만 달러 상당의 수익을 기록했다.

매사추세츠 주 애빙턴(Abington)에서 태어난 스톤은 뉴저지의 웁살라 대학에서 경제학 학사를 받았다. 그는 교회에서 신도회 회장을 맡고 있으며, 두 소규모 회사의 자문위원회 회원이며, 지역 내 자선 봉사단체 세 곳에서 활동하고 있다.

소매업의
법칙

킵 틴델 Kip Tindell

컨테이너 스토어(The Container Store) CEO, 사장, 창업자

팔 기 어 려 운 것 을 팔 다

우리는 1978년 텍사스 주 댈러스의 55평의 공간에 첫 번째 상점을 개점하면서 수납과 정리 분야의 소매업을 시작했다. 그 당시에는 우리가 판매하고자 한 많은 상품이 상업적인 용도로만 판매되고 있었다. 우리가 취급하는 모든 상품의 공통점은 고객의 귀중한 공간과 시간을 아낄 수 있게 돕는다는 것이다. 기능이 다양하고 디자인도 훌륭한 수납과 정리 상품을 만들어 고객의 귀중한 공간과 시간을 아낄 수 있게 하는 것이 컨테이너 스토어(The Container Store)가 과거부터 지금까지 여전히 풀고 있는 변함없는 과제다. 우리는 가장 높은 수준의 고객 서비스를 제공하면서 동시에 과제를 수행하고 있다.

동업자인 가레트 분(Garrett Boone)과 함께 첫 상점을 열었을 때 우리에게는 목표가 있었다. 바로 완벽한 소매상점을 만드는 것이었다. 우리는 아직 목표에 도달하지 못했고 앞으로도 불가능할지 모르지만, 끊임없이 사업을 재평가하고 개선하면서 목표를 향해 나갈 것이다. 남들이 하는 대로 똑같이 한다면 우리가 존재할 이유는 없다. 할인 마트는 비부가가치 상품을 아주 잘 판매하고 있으며 가격과 편리함으로 경쟁한다. 그러나 우리는 그런 방식과는 다소 다르게 행동한다. 즉 판매하기 매우 어렵고, 판매원들이 아주 높은 수준의 서비스를 발휘해야 하는 상품을 판매하고 있다.

핵심 경쟁력은 서비스이고 그 서비스는 일목요연해야 한다. 그래야만 조립식 선반이나 서랍처럼 상품에 대한 풍부한 지식과, 소비자와 판매원 사이에 세세한 의사소통이 필요한 '판매하기 어려운' 유형의 제품을 팔

수가 있다. 우리 상품 중 판매실적이 제일 좋은 상품은, 대량 묶음을 위주로 판매하는 창고형 매장에서는 잘 팔리지 않는다. 우리의 상품을 판매하기 위해서는 상품에 대해서 충분한 설명을 할 수 있는 직원이 필요하다. 따라서 우리는 능력이 뛰어나고 의욕이 넘치는 판매원을 고용하여 교육시키는 데 많은 비용을 투자하고 있다. 이러한 사실은 우리에게 경쟁업체와 차별화할 수 있는 기회를 제공해준다.

사실 보통 소매상들은 풀타임 신입사원을 채용한 첫 해에 겨우 8시간만 교육시키지만 우리는 241시간을 교육시킨다. 고객들의 수납 문제를 해결해줄 수 있는 지식으로 사원들을 무장시키는 교육에 전념하는 것은 수납과 정리에 관한 전문가를 양성하기 위함이다. 그리고 이 점이 지난 25년간 기업의 성공에 크게 기여했다.

판매원이 헌신적으로 일하고 더 많은 지식을 갖출 때 판매실적은 높아진다. 판매원의 교육과 발전은 기업의 판매 수입과 밀접한 관련이 있다.

문 화 를 만 들 다

나는 댈러스의 한 사립 고등학교에 다닐 무렵부터 '철학 노트'를 쓰기 시작했다. '철학 노트'란 여러 가지 일화나 유서 깊은 좋은 문구, 또는 배운 것, 교수님들이나 철학자들의 놀라운 생각, 그냥 머릿속에서 떠오른 생각을 정리해놓은 파일이었다. 그러나 파일에 넣을 내용은 철저히 선별했다.

고등학교 시절 쓴 파일의 내용은 주로 철학적인 것이었는데 대학시절에는 내용이 사업 쪽으로 기울었다. 가레트와 컨테이너 스토어를 시작할 당시에도 이 파일을 가지고 있었다. 철학 노트는 사적인 것이든 사업적인 것이든 생각하는 방식을 그대로 반영한 것이었고 사업을 운영하는 방식과도 밀접한 연관이 있었다. 1988년 휴스턴 점을 개점했을 때 그 파일에서 몇 가지 생각을 발췌해서 오늘날 기업의 심장부인 6가지 설립 이념을 문서화했다.

아시다시피 우리는 휴스턴 점에서 어려움을 겪었다. 우리는 포스트 오크(Post Oak)와 웨스트하이머(Westheimer)의 목 좋은 자리를 10년이나 지켜왔다. 그러나 휴스턴 점에서는 이제까지 경험한 것보다 다섯 배나 많은 업무를 처리해야 했고 모두 감당하기 힘들어했다. 댈러스 점처럼 수월하게 운영되지 않았다. 우리는 결속되지 않았다. 그래서 나는 휴스턴 점의 모든 직원이 참석하는 회의를 열었고, 모든 직원을 어떻게 고무시킬지를 고민했다. 휴스턴 점이 댈러스 점처럼 잘 운영될 수 있게 모두를 결속시킬 방법을 찾아내야 했다. 이때가 바로 우리 기업이 겪은 위기의 순간이었다.

경영 이념을 문서화할 필요를 느끼고 있었기 때문에 무엇을 말할지를 고민하면서 철학 노트를 살펴보았다. 그 결과가 6개의 설립이념이었다.

회사 규모가 아무리 커지더라도 이 6가지 원칙만 있으면 우리는 올바른 길로 나갈 수 있고 중요한 것에 집중할 수 있으며 직원도 만족할 수 있다. 그리하여 결국에는 자연스럽게 성공하게 된다.

뛰어난 사람을 찾다

우리는 ≪포춘≫에서 해마다 선정하는 '일하기 좋은 미국의 100대 기업'에 2000·2001년 1위, 2002·2003년에는 2위로 선정됐고 이를 매우 다행으로 여긴다. 컨테이너 스토어가 일하기 좋은 가장 큰 이유는 고용한 사람들을 잘 관리하기 때문이다.

우리의 설립 이념 중 하나는 '생산성이 뛰어난 1인은 3명의 괜찮은 사람과 같다'는 것이다. 뛰어난 한 사람이 3명의 괜찮은 사람과 같다고 진정으로 믿는다면 왜 뛰어난 사람을 고용하지 않겠는가? 뛰어난 사람을 찾는 것은 매우 어렵다. 그러므로 인사부뿐만 아니라 회사의 모든 사원이 인사에 참여할 필요가 있다. 회사의 정서와 업무에 잘 맞을 것 같은 사람에게 접근하려면 상당한 용기가 필요하다. 우리는 상점의 복도에서도 사원을 모집하는 것으로 잘 알려져 있다. 고객들은 가장 훌륭한 직원이 될 수 있고 대부분의 직원은 열의 있는 고객층에서 나오게 마련이다. 이것은 바로 상품과 사내 문화, 업무에 대한 믿음에서 비롯된다.

우리는 다른 회사의 평균 임금보다 50~100% 이상을 더 지급한다. 뛰어난 한 사람이 세 명의 괜찮은 사람과 동등하다고 믿는다면, 당신은 그 말대로 돈을 써야 한다. 특히 소매업 분야에서 뛰어난 사람에게 충분한 급여를 주려면 많은 용기가 있어야 한다. 뛰어난 사람에게 다른 회사보다 두 배의 급여를 줄 수 있으면 모두 승자가 된다. 회사는 세 배의 생산성을 얻으면서 두 배의 임금만 들기 때문에 승자이고, 직원은 다른 회사에 비해 두 배의 임금을 받으므로 승자다. 더욱 중요한 것은 뛰어난 직원에게서 흔치 않은 높은 수준의 서비스를 받는 고객이 바로 승자가 되는 것이다.

뛰어난 사람들을 찾아내어 고용한 후에는 회사가 어떻게 돌아가는지를 그들에게 알려준다. 모든 직원이 회사가 추구하는 목표와 어떻게 목표에 도달하는지를 깨닫게 하는 것이야말로 리더십의 중요한 측면이다. 우리는 일일 판매 결과와 사업확장계획 등 모든 것을 직원들과 공유한다. 지나친 의사소통이라고 말할 수도 있지만 이렇게 함으로써 신뢰와 결속이 크게 향상된다.

서 비 스 = 판 매

우리는 가치에 중점을 두는 리더십에 힘을 쏟는다. 우리의 또 다른 설립 이념은 '다른 사람의 바구니를 가득 채워라. 그러면 돈을 버는 일은 아주 쉬워진다'이다. 이것은 앤드류 카네기의 오래된 이념이며 유잉(J. R. Ewing)의 기업 이념과는 상반된다. 이 이념은 함께 사업을 하는 사람들과 윈-윈 관계를 형성하며 그들을 위해 할 수 있는 모든 일을 하라는 뜻이다. 당신이 만약 짧은 시간 내에 많은 돈을 벌고 싶다면 바로 이렇게 해야 한다. 사람들은 자신이 신뢰하고 존중하는 사람들과 함께 사업하기를 원한다.

많은 노력이 필요하지만 일단 윈-윈 관계가 형성되면 모든 사람이 칭찬하는 상점이 될 것이며 모든 판매상의 단골이 될 것이다. 우리들에게 물건을 대주는 판매상에게 제때 ─ 때로는 빨리 ─ 대금을 지불하며 그들의 '바구니를 채우기 위해' 우리가 할 수 있는 일은 무엇이든지 한다. 그것은 물류센터에 재고품 목록을 좀 더 일찍 가져다주는 것일 수도 있고, 비용을 절약할 수 있게 많은 양을 주문하는 것일 수도 있다. 판매상들과 형성된 이런 관계를 통해 우리는 대량으로 구매하는 소매상들과 비교하여 큰 경쟁력을 갖게 된다.

아주 높은 수준의 고객 서비스를 제공하고 고객들을 감동시킨다면 고객들은 상점으로 되돌아오게 마련이다. 수납에 문제가 생기면 그들은 우리를 다시 찾고, 친구들에게도 선전하며 평생고객이 될 것이다. 판매할 때 서비스가 빠져서는 안 되며 서비스와 판매는 항상 같이 이루어져야 한다.

좋은 상품

지난 25년간 우리는 수납과 정리 부분에만 전념해왔다. 다른 어떤 회사도 컨테이너 스토어처럼 수납·정리 관련 제품에만 전념하지는 않았다. 또 우리는 세계 어느 곳에서도 제공하지 않는 제품을 제공하여 타 회사와 차별화한다. 물론 제품 디자인은 매우 중요하다. 그러나 디자인보다 더 중요한 것은 제품의 성능이다.

수납·정리 관련 제품은 점점 좋아지고 있으며 그 양상은 컴퓨터 산업이나 계산기의 발전과 닮은 데가 있다. 예전에는 컴퓨터나 계산기가 크고, 투박하며, 느리고, 비쌌던 반면 요즘 제품은 빠르고, 작고, 성능이 우수하다. 이와 마찬가지로 가정용품도 발전하고 있다. 오늘의 제품은 내일의 제품과는 비교할 수 없을 정도다. 회사의 규모가 커지면서 우리는 제조업자들과의 협업을 통해 훨씬 우수한 제품을 생산하게 되었다. 수납과 정리 부분의 산업이 성장할수록 더욱더 많은 대규모 제조업자들이 좀 더 우수한 제품을 만들기 위해 더 많은 자본을 투자하는 모험을 감행할 것이다.

새로운 지점을 열다

인적 자원과 마케팅·판매에 관련된 사람들은, 입지는 그리 중요하지 않다고 생각할지도 모른다. 그러나 입지는 매우 중요하다. 어느 분야든 최고의 상점은 좋은 입지에 위치한다. 좋은 입지 자체가 득이 된다. 최고로 좋은 입지가 있다면 왜 선택하지 않겠는가? 최고의 입지를 위해 새로운 지점을 여는 것을 영원히 보류할 수도 있다. 우리는 끊임없이 모든 시장을 관찰하고 25~30개의 다른 입지를 열심히 분석한다. 그러다가 최고의 입지가 나오면 바로 그곳에 상점을 오픈한다. 최고(excellent)의 입지와 매우 좋은 (very good) 입지와는 수익성에서 엄청나게 다른 결과를 가져온다.

눈에 잘 띄는 곳에 입주하는 것과 그 지역의 인구 통계는 매우 중요하다. 또 상점의 주 고객층은 어떤 이들이며, 상점이 목표로 하는 고객층이 누구인지를 정확히 알아야 한다. 고객들의 유사성은 무엇일까? 그 입지가 유사성을 지닌 고객을 얼마나 많이 끌어들이느냐 하는 것이 관건이다.

총수익이 10% 증가할 때 소매상의 소득은 엄청나게 증가한다. 우리는 경쟁자인 크레이트 앤 배럴(Crate & Barrel)과 흥미로운 관계를 맺고 있다. 대부분의 소매상들은 경쟁자들을 너무 의식해서 경쟁자 가까이에 매장을 내는 것을 좋아하지 않는다. 많은 사람들은 우리가 크레이트 앤 배럴과 경쟁한다고 생각한다. 그러나 우리는 크레이트 앤 배럴 명의로 발행한 수표를 받고, 그들도 컨테이너 스토어 명의로 된 수표를 받는다. 두 회사의 제품은 단 2%만 동일하며 우리는 경쟁자 관계가 아니다. 하지만 목표고객층은 같다. 반드시 해야 하며 실제로도 하고 있는 것은, 서로 옆에 위치하여 고객에게 원스톱 쇼핑의 기회를 부여함으로써 완벽한 서비스를 제공하는 것이다. 이는 강박관념에 사로잡힌 다른 소매상이 하는 방식과는 정반대다. 우리는 바로 옆에 위치함으로써 20% 정도의 고객을 공유한다. 목표고객이 동일한 다른 소매상이 바로 우리 옆에 매장을 내도록 돕는다.

우리는 새로운 지점을 개점할 때 다른 여느 소매상들과는 다른 방식으로 접근한다. 9~12개월 전부터 광고와 마케팅, 고객홍보 등을 시작한다. 그리고 새로운 지점에서 일할 직원을 개점 몇 달 전에 미리 고용한다. 새로 고용된 직원들을 개점할 지점의 설비부터 진열의 마지막 점검 과정까지 참여하게 하여 그곳이 본점 직원의 상점이 아니라 새로 고용된 자신들의 상점임을 인식하도록 노력한다. 또 경험이 많은 핵심 직원 다섯 내지 여덟 명을 새로운 지점으로 파견한다. 전국에서 온 경험 많은 직원들과 본점 직원들이 새로운 직원을 교육하는 데 도움을 준다.

우리는 직원들이 개점부터 능숙하게 업무를 처리할 수 있기를 바라며 고객들의 첫 쇼핑 경험이 흥미진진하기를 바란다. 개점 첫날부터 A$^+$의 점수를 추구한다는 말이다. 이런 방식으로 개점하려면 많은 계획과 마케팅 노력이 필요하지만, 그 지점이 처음부터 성숙하게 운영된다면 그만큼 가치 있는 것이다.

변 화 를 보 람 으 로 삼 다

우리는 변화를 전혀 두려워하지 않는다. 모든 일을 끊임없이 분석하는 동시에 우리의 핵심 개념인 수납과 정리에 집중한다. 1978년부터 동일한 분야에서 여전히 매진하고 있으며 점점 더 잘 해내고 있다.

변화를 포용하고 앞을 향해 꾸준히 전진하면서 일을 점차 개선시킬 수 있는 문화를 창조했다고 믿는다. 우리의 비공식적인 내부 마스코트는 검비(Gumby: 팀워크와 융통성을 상징함)다. 우리에게는 유연성이 있어야 하며 ― 즉 검비가 되어야 하며 ― 모든 것이 바뀔 수 있고 바뀔 것이라고 인식해야 한다. '너의 일'과 '나의 일'은 어디에도 없다. 모든 일에 책임을 느끼며, 효과적·효율적으로 목표를 달성하기 위해 움직인다.

우리는 변화를 위해 변화하지 않는다. 어떤 일을 더 잘하려고 혁신할 때 변화가 따라오는 것이다. 개선과 변화는 뗄 수 없는 관계다. 회사가 변화할 때는 직원들에게 두터운 신뢰를 요구한다. 이렇듯이 회사의 두터운 신뢰를 받는다는 것을 알고 있는 직원들은 회사를 위해 최선을 다하게 된다. 회사가 큰 변화를 겪을 때 직원들은 어떤 불이익도 당하지 않으며 업무도 기존 방식보다 개선될 것임을 직원들에게 인식시켜야 한다.

소 매 업 의 위 상

오늘날 한 분야의 제품만을 전문적으로 취급하는 소매상은 점점 줄어들고 있다. 또 백화점과 할인점 숫자도 점점 줄고 있다. 소매업은 탁월성과 혁신을 요구하는 매우 경쟁적인 분야이며 스릴이 넘치는 산업이다. 소매업자들은 경쟁자보다 고객을 위해 더 많은 일을 해야 살아남을 수 있다. 미국에서 소매업으로 생존하려면 해당 분야에서 정말 뛰어나야 한다. 한 분야에 전문가가 된다는 것은 고객에게도 좋은 일이며 회사에도 이익이다.

나는 소매업이 굉장한 매체라고 생각한다. 소매업에는 사람과 상품이 연관된다. 컨테이너 스토어에서 우리들은 고객의 문제를 해결해주고 그들의 삶에 약간의 질서를 부여하며 때로는 그들을 미소 짓게 할 수도 있다. 우리의 목표는 고객들이 새로 정리된 옷장이나 부엌 선반을 보며 기뻐하는 것이다. 고객들은 만족하면서 그들의 옷장을 이웃이나 친지들에게 보여주며 자랑할 것이다. 이런 추천은 모든 소매업자가 알다시피 매우 값진 것이다.

가치를 뛰어넘는 상품을 제공하는 것은 매우 중요하다. 만약 다른 상품보다 20%나 비싸지만 보기에 300% 더 낫고, 기능은 500% 좋으며, 수명이 600%나 길면, 그것이 바로 진정한 가치다. 가치를 뛰어넘는 상품이란 팔기는 어려워도 고객들이 처한 문제를 해결하면서 감동적인 반응을 이끌어낼 수 있는 상품을 말한다. 또 고객들에게 상품의 가치를 이해시키기 위해서는 훌륭한 판매원이 있어야 한다. 하지만 일단 가치를 충분히 설명한 후에는 상품 판매가 아주 수월해진다.

소매업계가 일하기에 아주 좋은 업종이라는 말은 그리 타당하게 들리지 않는다. 대부분의 사람들은 그 반대로 생각한다. 그러나 나름대로 신중하게 문제를 해결하려 노력하고, 소매업에서도 뛰어난 사람을 고용할 수 있다는 것을 믿어야 한다. 만약 당신이 소매업 분야에서 뛰어난 사람을 고용할 수 있다는 믿음이 없다면 실제로도 고용할 수 없다.

우리는 수익을 얼마나 거두느냐를 성공의 척도로 삼는다. 그러나 수익이 전부는 아니다. 대부분의 회사와는 달리 우리는 사내 문화를 어떻게 하면 잘 키워나갈 수 있으며 설립 이념을 잘 실천할 수 있는지를 더 중요시한다. 고객이나 판매상, 직원 모두가 브랜드 가치를 높이는 데 참여하고 있음을 분명히 느끼고 인식하고 있다면 그 회사는 성공했다고 말할 수 있다.

킵 틴델 Kip Tindell

킵 틴델은 컨테이너 스토어(The Container Store)의 CEO이며 사장이자 공동 창립자다. 고등학교 재학 중인 1969년에 몽고메리 워드(Montgomery Ward)의 페인트 매장에서 일했다. 그는 최고의 판매원이 됐을 뿐만 아니라, 미래의 동업자인 가네트 본(Garrett Boone)과 깊은 우정을 쌓았다. 둘의 우정은 틴델이 텍사스 대학에서 영어를 전공하던 시절과 1972년 오스틴(Austin)에 자리한 가구점 스토어하우스(Storehouse)에 근무하는 동안에도 지속됐다. 틴델은 본(Boone)이 지역 매니저로 있던 스토어하우스에서 일하면서 대학을 마쳤고, 이후 한 주간의 최고 소설가를 특집으로 하는 남서 지역 문학에 대한 칼럼을 쓰고 배포했다.

이와 함께 소매업에 대한 틴델의 재능은 성장했다. 10년 가까이 본(Bonne)과 상점 개점에 대해 숙고한 뒤 소매업의 새로운 개념을 창출하는 데 착수했다. 초기에 그들이 판매하려고 마음먹은 상품은 상업적인 용도로만 사용되어, 일반 소비자에게는 제공되지 않았다. 그러다가 생산자들이 소비자 시장에서의 긍정적인 전망을 깨닫기 시작하면서, 일반 소비자에게도 공급하기 시작했다. 이 과정에서 본과 틴델은 자신들이 취급하는 상품이 소비자의 시간과 공간을 아낄 수 있는 다양한 정리·수납 상품이라는 원래의 개념을 확인하게 됐다.

상품을 선정한 뒤 3만 5,000만 달러를 투자한 컨테이너 스토어의 첫 번째 상점은 1978년 노스 댈러스(North Dallas)의 프레스턴 거리(Preston Road)의 포레스트 골목(Forest Lane)에 위치했다. 이 상점은 1년 만에 급성장했고, 1980년에는 두 배로 확장됐다. 20년이 지난 지금은 국내에 28개 지점이 있으며 매장 면적은 평균 2만 5,000제곱피트다. 2003년의 판매실적은 3억 3,500만 달러 이상으로, 정리·수납 소매업의 리더로 평가받고 있다.

틴델은 그가 창조한 독특한 기업 문화를 계속 구체화하고 있다. 직원들이 절차 매뉴얼을 참고하는 대신, 자신의 직감과 창의력을 활용하여 문제를 해결할 수 있게 한다. 이에 따라 직원들은 기업을 신뢰하게 되었으며, 놀랄 만큼 많은 직원이 계속 근무하고 있다. 이러한 문화는 4년 연속 ≪포춘≫ 선정 '미국에서 일하기 좋은 100대 기업'의 상위를 차지하게 하는 원동력이 됐다.

또 댈러스 지역의 가족을 돕기 위한 비영리 모임인 샐러리맨십 클럽(Salesmanship Club)과 댈러스의 오래된 과달루페 대성당의 복원을 위한 대교회 구하기 캠페인 회원으로 사회 활동에 적극적으로 참여하고 있다. 2003년에는 굿윌 인더스트리(Goodwill Industry)와 국제소매업연합(National Retail Federation)의 임원으로 활동했다.

오비스:
진정한 삶을 위한 다중 유통채널

퍼크 퍼킨스(Perk Perkins)
오비스(The Orvis Co.) 사장, CEO

브랜드와 생활양식

우리의 브랜드, 기업, 활동은 생활양식을 반영한다. 우리는 '차별화된 전원생활'의 안내 지도를 제공하며 전원생활에 대한 것을 여러모로 소개한다. 판매하는 상품, 후원하는 환경보호 활동, 지지하는 전통 스포츠, 학교나 우리가 운영하는 세미나를 통해 전원생활의 생활양식을 계몽한다. 또 우리 웹사이트와 카탈로그에 게시하는 이미지를 통해서 이런 생활양식의 긍정적인 인식을 더욱 강화한다.

더 기능적인 측면에서 말하자면, 우리는 몇 가지 다중 유통채널을 통해 브랜드 이미지를 고객에게 전달한다.

- 우리는 미국에서 가장 오래된 카탈로그 회사이며 카탈로그를 통해 대부분의 상품을 판매한다.
- 우리는 30개가 넘는 제인 가맹점이 있다.
- 우리는 전형적인 도매상 시스템을 갖추고 있어 도매로 소매상에게 상품을 판매한다.
- 우리는 상당히 규모가 큰 전자상거래를 한다.
- 우리는 다양한 생활양식을 학교에서 강의하여 우리 브랜드 이미지를 소개하려고 노력한다. 사람들은 플라잉 낚시 또는 엽총 쏘는 법을 배운다(이를 통해 개인들은 더 영향력 있는 환경보호론자가 되는 방식을 배울 수 있다).

우리는 세부적인 것에 대한 집중력과 진실성을 추구함으로써 경쟁자로부터 우리를 차별화시킨다. 이것은 카탈로그를 보면 알 수 있다. 예를 들어 전원생활에서 애완견의 역할은 중요하다. 그러기에 애완견 카탈로그에서는 고객들이 바라는 애견 상품뿐만 아니라 애완견을 혈통별로 싣는다. 애완견의 혈통과 품종을 자세히 설명하고 품종의 역사에 대한 설명을 카탈로그에 곁들여 기입함으로써 고객들과 직접적으로 의사소통을 할 수 있다. 이런 카탈로그는 고객들과 마음을 나누게 하여 우리의 진실성을 보여줄 기회를 만들어준다. 우리의 운영 방식은 다른 회사와 비교하면 독특한 측면이 있다. 이런 측면은 사업체를 소유하고 경영하는 내 가족의 마음이 반영된 것이고, 진실성을 강조하는 것이다.

모든 사람이 그렇듯이 브랜드도 나름의 개성이 있다. 사람이 특정 성격으로 기억되는 것처럼 브랜드도 특정한 속성으로 사람들에게 인식된다. 우리 브랜드는 '브랜드 DNA'로 불리는 14가지 핵심 속성이 있다. 우리는 '긍정적인 브랜드 이미지를 고객에게 전달하기 위해 해야 할 일은 무엇인가'를 끊임없이 고민하고 연구하고 있다. 해야 할 일은 많다. 예를 들어 우리의 로고, 서비스 스타일, 상품 자체, 디스플레이와 디자인하는 방식, 광고 카피, 메시지를 전달하는 목소리 등 신경 써야 할 많은 일이 있고, 이는 모두 중요하다. 이런 일을 담당하는 전담 팀들은 브랜드의 특성을 충분히 이해하고 자신들이 맡은 일을 특정한 매체를 통해서 잘 전달해야 할 의무가 있다. 상품의 속성을 지속적이면서 효과적으로, 그리고 다중 유통채널을 통해 전달해야 한다.

앞에서 언급했듯이 우리의 핵심 속성 중 하나는 진실성이다. 광고 카피나 상품 케이스를 디자인하는 이들은 '내가 진실하게 상품을 소개하는가'를 자기 자신에게 물어봐야 한다. 이런 질문은 우리 브랜드와 기업에 매우 중요하다. 또 다른 두 가지 핵심 속성은 우리 브랜드는 신뢰할 만하고, 정통하다는 것이다. 이 세 가지 속성은 서로를 보완한다. 우리는 사기를 일삼는 기업이 아니다. 다음과 같은 핵심 질문을 끊임없이 던지면서 근거 있는 정직함을 유지하려고 노력한다. '사실과 연구 결과를 활용하는가', '우리의 주장 중 어떤 부분이 신뢰성이 있는가', '정확하고 믿을 만한 지식에 기반을 두고 주장하는가'

또 다른 두 개의 브랜드 DNA의 핵심은 전통(tradition)과 존경(respect)이다. 우리는 전통을 수호한다. 고객과 대화할 때 그들의 지식과 추구하는 가치와 전통을 존중한다. 되도록 새로운 용어의 사용을 자제하려고 노력하며 우리 상품이 최신의 상품이라고 설명하지 않는다. 우리 브랜드는 최신을 상징하지 않기 때문이다. 우리 브랜드는 시대를 초월하기 때문이다. 이것은 카피라이터든, 그래픽디자이너든, 판매원이든 우리 팀의 모든 사람이 염두에 두어야 할 매우 중요한 부분이다. 일관성 있는 메시지 전달은 브랜드 이미지, 그리고 최종적으로 성공의 핵심 요소이기 때문이다.

많은 유통경로를 이용하면서 브랜드 이미지를 통제하는 것은 결코 쉬운 일이 아니다. 그러나 카탈로그나 웹사이트를 통해서 하는 것은 비교적 쉽다. 중앙 홍보 부서에서 내용을 만들어 프린트하기 전이나 웹사이트에 게시하기 전에 통제할 수 있기 때문이다. 그러나 소매업자나 딜러를 통제하기는 어렵다. 브랜드 이미지 전달은 우리가 통제할 수 없는 판매원에게 달려 있기 때문이다. 따라서 판매원들은 브랜드의 핵심 속성을 잘 이해하고 전달해야 할 책임이 있다.

팀의 능력 : 직원에게 권한을 이양하라

내게는 세 가지 핵심 경영 스타일이 있다. 첫 번째는 큰 그림과 연관되는 전략을 끊임없이 세우는 것이다. 두 번째는 세부적인 것에 집중하는 것이다. 세부적인 것부터 제대로 해내야 최상의 것을 만들 수 있다. 마지막으로 개인의 책임을 강조한다. 나는 기업 내의 모든 사람들이 실적 면에서 일주일 단위로 긍정적인 면과 부정적인 면을 평가받기를 원한다. 일반적으로 모든 사원은 두 가지 기준에서 업무를 평가받는다. 하나는 질적인 평가이고 또 다른 하나는 경제적인 평가다. 이와 마찬가지로 나는, 질적으로 우리 회사가 미국 최고의 브랜드가 되기를 바라며, 경제적인 면에서는 평균 이상의 지분을 주주에게 보상해줄 수 있기를 바란다.

기업 내에서는 개인의 역할에 따라 평가 방식은 다양하다. 따라서 채용 과정도 다양하다. 판매원을 뽑는 데도 우리는 기술보다는 태도를 더 중요시한다. 기술은 교육을 통해 향상될 수 있다고 생각한다. 사교적이고 친절한 서비스를 고객에게 제공하기 위해서는 공손하고 친절한 사람을 채용해야 한다. 특히 판매 분야에서는 경력이 화려한 사람보다는 올바른 태도를 지닌 사람을 선호한다. 지점장을 채용할 때도 소매업 근무 경험이 풍부하고 사교적이고 친절한 서비스의 본보기가 될 만한 사람을 찾는다. 지점장들은 그들 나름의 지식과 기술로 본사의 지원 없이 지점의 사업을 매일 이끌어가야 하기 때문에 처음부터 일정 수준 이상의 확신과 경험이 있어 지점을 통솔할 수 있는 사람이어야 한다.

우리는 두 가지 방법으로 임원들에게 권한을 이양한다. 하나는 전통적인 방법인데, 그들이 독자적으로 사업을 운영하게 하는 것이다. 임원들이 승인된 예산으로 판매와 수익 목표를 달성하기 위해 독자적으로 경영하는 것이다. 일반적으로 임원들은 다음과 같은 세 가지 범주 안에서 독자적인 경영을 하게 된다. ① 전략적인 계획, ② 경제적인 목표, ③ 브랜드 DNA. 이 범주 내에서 임원들은 자유롭게 경영을 할 수 있다. 또 다른 권한이양 방법은 처음부터 이 세 가지 범주에 대한 규정을 스스로 만들 수 있게 하는 것이다. 그렇지 않으면 개인들은 자신이 손에 쥐고 있는 권한을 느끼지 못하며 누군가에 의해 명령을 받는다는 생각을 하게 되므로 어떤 권한을 이양하더라도 별 소용이 없다. 우리는 일대일 미팅에서 이에 대해 이야기하고 처음부터 소유권을 가지라고 북돋아준다.

지점장들은 재정과 질적인 면에서 평가를 받는다. 재정적인 평가는 상점을 평가하는 가장 기초적인 것이다. 우리는 과거 경험에 기초하여 재정 면에서 한 해의 최종 목표를 설정한다. 질적인 평가는 고객으로 가장한 비밀평가원이 작성한 서비스 평점을 바탕으로 한다. 지난해 특히 평점이 낮아서 올해는 개선이 필요한 분야를 지적당할 수 있다. 상점 입지에 따라 정도의 차이가 있지만 일반적으로 지점장들은 이 두 가지 기준에 의해 평가된다.

직원들은 우리 회사에서 계속 일하기를 원한다. 우리는 서로가 칭찬하고 신뢰하는 문화를 추구한다. 우리가 낮은 이직률을 유지할 수 있는 근본적인 이유는 높은 임금과 매력적인 직업이어서가 아니라 상호 신뢰하는 회사의 문화 때문이다.

성공의 정의와 측정

몇 가지 특징이 성공적인 상품을 나타낸다. 성공을 측정하는 기술적인 방법은 이익과 회전율을 동시에 감안한 GMROI(Gross Margin Return On Inventory)를 계산하는 것이다. 이것은 수학적인 계산이고, 최종적인 접근 방법이다. 이 계산 방법은 한 분기가 끝날 때까지 결과를 알 수 없는 경우가 많다. 성공적인 상품에 대한 또 다른 측정지표는 상품을 진열하고 상품에 대해 교육하는 과정에서 생겨나는 직원들의 열성적인 반응이다. 세 번째로 상품의 성공은 그 상품을 구매하는 명백한 이유가 있느냐에 따라 결정된다. 주문한 상품이 훌륭하다면, 또 다른 이형의 상품은 필요치 않다. 같은 분야에 동일 품종의 상품이 너무 많으면 구매자에게 부정적인 영향을 끼칠 수 있고 혼란을 야기할 수 있기 때문이다. 고객이 쉽게 구매결정을 할 수 있게 품목을 제공하는 것이 성공으로 가는 지름길이다.

소매업이 성공하기 위해서는 훌륭한 서비스를 고객에게 제공해야 한다. 훌륭한 고객 서비스는 어느 소매업에서든지 성공의 열쇠다. '훌륭한 고객 서비스를 하고 있는지를 어떻게 알 수 있는가'라고 물을 수도 있다. 판매 목표를 초과 달성함으로써 고객 서비스의 질을 가늠할 수도 있다. 고객 서비스는 여러 가지를 의미한다. 가장 짧은 시간에 거래하는 것일 수도 있고 하루 종일 한 명의 고객과 시간을 보내는 것일 수도 있다. 훌륭한 고객 서비스란 바로 '개인적이고 친절한 것'이다. '고객은 지금 개인적이고 친절한 쇼핑 경험을 했는가?' 우리는 자문해봐야 한다. 이것이 결론이다. 즉 우리 브랜드의 핵심 속성은 개인적이고 친절한 것으로 정의할 수 있다.

이런 정의는 우리 지점장 중 한 명이 새로운 지점으로 자리를 옮긴 뒤 누군가가 지점장의 목표를 물었을 때, 그 지역에서 가장 친절한 상점을 만드는 것이라고 대답하는 데서 비롯됐다. 이때부터 친절한 고객 서비스는 우리 회사의 핵심 속성이 됐다.

서비스 성과를 측정하기 위해 상점을 무작위로 선택해 고객평가를 기준으로 하는 전통적인 방법을 사용한다. 고객들의 평가 자료를 모아, 서비스 수준을 숫자로 환산하여 측정한다. 이것은 서비스를 향상시키는 데 도움이 될 뿐만 아니라 우리를 올바른 방향으로 안내해준다. 고객의 피드백은 카탈로그나 전자상거래 환경에서 더 쉽게 얻을 수 있다. 카탈로그나 전자상거래에서는 한 번에 몇 가지 거래가 동시에 일어날 수 있기 때문에 고객들의 반응을 쉽게 감지할 수 있다. 하지만 이러한 피드백을 일반 매장에서 얻기는 어렵다. 우리는 고객의 피드백을 얻을 수 있는 가장 효율적이고 정확한 방법을 끊임없이 모색한다. 이는 매우 중요하며 소매업이 성공하기 위해서는 꼭 필요한 것이다.

소 매 업 의 변 화 와 근 본 원 리

변화에 대응하는 동시에 근본적이고 핵심적인 원칙을 지키려면 기업은 늘 긴장해야 한다. 나는 사람들이 항상 최신의 변화를 받아들여야 한다는 데 찬성하지 않는다. 언제나 최신의 것만 받아들이다 보면 기업의 브랜드와 정체성을 지켜내기 힘들기 때문이다. 대신에 새로운 것에 대한 욕구와 증명된 과거 방식을 고수하려는 욕구의 적절한 긴장을 선호한다.

내가 소매업에 진출한 후 일어난 가장 중요한 변화 중 하나는, 소매업계에서 고객 서비스의 중요성이 꾸준히 강조되고 있다는 것이다. 고객과 친밀한 관계를 구축할 수 있는 환경을 만들어야 하고, 이러한 환경은 모든 매장에서 실현되어야 한다. 백화점에서는 한때 '내 백화점이 아니다'라는 문구가 유행한 적이 있다. 백화점에서 판매원에게 도움을 요청하면 '죄송합니다. 제 백화점이 아닙니다'라는 무뚝뚝한 답변을 종종 들을 수 있었기 때문이다. 그러나 더 이상 이런 일은 일어나지 않는다. 가장 큰 할인매장인 월마트는 가장 좋은 서비스를 제공한다. 최상의 서비스를 제공하기 위해 직원들은 고객과의 친밀한 환경을 만들려고 노력한다.

입지의 중요성에 관한 견해는 다소 변했지만 입지는 아직도 많이 연구되어야 할 중요한 부분이다. 근본적인 원칙은 아직 변하지 않았다. '입지, 입지, 입지'라는 옛 주장은 여전히 중요하다. 우리는 항상 좋은 입지를 선택할 수는 없지만 만약 실수를 한다면 그만한 대가를 지불해야 한다. 결론적으로 입지를 선택하는 데 최선의 유연성을 제공하는 임대(lease)를 이용하는 것은 매우 중요하다. 그래야만 사업이 잘 풀리지 않을 때 벗어날 수 있다.

우리는 체인을 확장하면서 새로운 매장을 위한 입지를 선정할 때 다양한 방법을 이용한다. 주어진 입지에 대한 인구조사부터 시작하여 그 지역에서의 카탈로그 판매 경험을 조사한다. 우리는 다중 유통채널을 이용하는 소매업이기 때문에, 온라인 회원과 카탈로그 고객에 대한 정보가 많다. 이러한 풍부한 정보 외에도 시장과 그 지역의 세세한 곳까지 알고 있는 고객이나 거주자와 자주 대화하며 그들의 개인적인 의견을 듣는 것도 중요하다. 즉 시장에 대한 거시적인 정보와 함께 개인적인 통찰력이 필요하다는 것이다.

경쟁이 가장 치열한 산업이 소매업이며, 경쟁은 소매업의 여러 단계에서 나타난다. 소매업은 시장 진입 장벽이 낮고 경쟁자 수는 많다. 반면에 자동차나 컴퓨터 산업은 그렇지 않다. 이런 산업은 시장 진입이 매우 어려워 능력 있고 유능한 업체만이 경쟁에 참여한다. 소매업은 경쟁자가 많다. 대학생, 아이디어가 있는 모든 사람 등 누구라도 참여할 수 있다. 많은 경쟁자 사이에서는 신선한 콘셉트가 성공한다. 소매업의 기본은 변하지 않았지만, 소매업의 방식은 그 분야에 종사하는 에너지가 넘치는 사람들 때문에 하루하루가 다르게 향상된다. 우리는 민첩하고 능력 있는 경쟁자가 우리 주위에 있다는 것을 늘 생각하며, 매일 아침 긴장의 끈을 늦추지 않는다.

오늘날 소매업에서 일어나고 있는 가장 흥미로운 일은 고객들이 기분 좋게 쇼핑하도록 최선을 다한다는 점이다. 고객이 우리 매장에서 일정 시간을 보낸다는 것은 매우 영광스러운 일이고, 그 시간을 즐겁고 만족스럽게 보내도록 우리는 최선을 다해야 한다. 여유가 없는 고객은 급히 거래하려 하지만, 반면에 시간적으로 여유가 있는 고객은 매장에서 더 많은 시간을 보내려고 할 것이다. 고객을 유치하려는 경쟁은 나날이 치열해지고 있다. 소매업은 수많은 소규모 자영업자가 참여하는, 이 세상에서 가장 경쟁이 치열한 업종이다. 어떤 산업 분야보다 열성적으로 자신의 삶을 매장에 투자하는 것이 소매업이다.

나는 고객들이 항상 변화의 메시지를 전달해준다고 믿는다. 그러나 귀를 기울여서 고객들의 메시지를 되도록 빨리 포착해야 한다. 고객들이 무엇을 구매하고, 어느 수량 이상을 구매하지 않는지 또는 아예 구매하지 않는지를 조심스럽게 관찰하고 자세히 분석함으로써 고객들의 소리에 귀를 기울여야 한다. 고객들의 반응도 신중하게 고려해야 하지만 고객들의 구매 패턴 또한 항상 주의 깊게 관찰해야 한다. 이렇게 고객의 구매 패턴에서 얻는 정보가 가장 정확한 정보다. 우리는 일반적인 뉴스나 설문조사에 발표된 고객들의 의견이나 소매업의 현황에 대해 별로 관심이 없다. 고객들은 신용카드를 사용하여 자신들의 마음을 표현하고 이것이 가장 믿을 만한 정보다. 새로운 고객을 잡으려고 하기보다는 현재의 고객들에게 진실해야 한다고 믿는다. 단골 고객은 우리의 발전을 위해서 무엇보다 중요한 요소다. 고객들은 변화한다. 따라서 그들이 무엇을 구매하는지 자세히 살피면서 변화를 추적해야 한다. 이러한 변화에 대응하면서 고객의 욕구를 충족시킬 때 발전할 수 있고, 우리 브랜드와 핵심 속성이 추구하는 바를 유지할 수 있다.

우리는 세부적인 전술보다는, 사업의 전체적인 차원에서 계획하고 전략을 수립하며 변화를 도모한다. 개인적이고 친절한 고객 서비스는 계획에서 가장 강조되는 부분이다. 양질의 상품을 판매하고 예산에 맞게 소비하면 다른 것은 저절로 따라온다고 믿는다. 미래를 위한 전략은 대차대조표와 손익계산서를 포함한 1년의 재정 계획을 세우면서 시작한다. 이런 계획을 수립하다 보면 두세 개의 새로운 계획이 생긴다. 예를 들면 우리는 2년 전에 재고가 너무 많다고 생각했다. 그래서 재고를 줄이기 위해 재고관리 계획을 수립했다. 또 경제가 불안정한 최근 상황을 맞아 우리가 풀어야 할 문제는 어떻게 빚을 차감하느냐였다. 불안정한 환경에 사세를 크게 확장하기보다 대출을 줄이고 싶었기 때문이다. 우리는 5년마다 계획과 전략을 다시 검토한다. 이익, 시장, 사업에 직접적인 영향을 끼칠 만한 요소를 고려해서 계획과 전략을 수정한다.

내가 바라는 한 가지 변화는 빠른 매매가 이루어지는 것이다. 빠른 매매를 저해하는 가장 부정적인 부분은 계산하는 절차다. 특히 계산할 때 계산대에서 오래 기다린 고객들은 매장에 대해 부정적인 생각하게 마련이고 그런 상태로 문을 나서게 된다. 계산 절차를 개선해야 한다. 요즘에는 계산원들이 없는 무인 계산 시스템이 개발되어 고객들이 계산대를 지나가면 자동적으로 계산이 된다. 따라서 계산원 수에 따라 계산 속도를 제한받지는 않아도 된다. 내 가장 간절한 소원 중 하나는 앞으로 이러한 시스템이 더 활성화되어 체크아웃이 좀 더 효율적으로 이루어지는 것이다.

퍼크 퍼킨스 Perk Perkins

퍼크 퍼킨스는 1992년 11월부터 사장 겸 CEO로서 오비스(Orvis)를 이끌어왔다. 그의 지도로 1992년에 8,800만 달러이던 기업의 매출은, 2003년에는 3억 달러에 근접할 정도로 성장했다. 퍼킨스는 다중 채널의 소매업을 통해서 품질이 좋고 정직한 브랜드와 탄탄한 기업 문화를 만들었다. 오비스는 번성했고 카탈로그와 인터넷 마케팅에서 가장 높은 수익을 얻었다. 이 도매업은 경쟁적인 플라잉 낚시 분야의 시장점유율이 가장 높다. 오비스 소매업 체인은 모든 채널 중에서 성장 잠재력이 가장 크다.

퍼킨스는 1977년에 오비스 뉴스의 편집장, 카탈로그 카피라이터와 수출 판매 매니저로 오비스에서 일을 시작했다. 그는 오비스 샌프란시스코 지점장, 영국 오비스 사장, 경영 부사장, 오비스 자회사인 월리 윈터스(Early Winters)의 사장, 상품화 계획 부사장, 오비스 통신판매 회장 등 다양한 자리에서 기업을 직접 운영했다.

퍼킨스는 환경보호에 힘을 쏟고 있으며 세계적인 환경보호단체이며 미국에서 10번째로 큰 비영리단체인 자연보존기관(The Nature Conservancy)의 임원이다. 지난 25년 동안, 환경보호단체와 지역시민단체의 임원으로 활동했다.

그는 1975년 매사추세츠 주, 윌리엄스 타운(Williams town)의 윌리엄스 대학을 졸업했고, 하버드 대학의 최고경영자 과정을 수료했다.

소매업을 위한 비전,
그리고 다른 관심사

딕 딕슨 Dick Dickson

파라다이스 숍스(The Paradies Shops) 사장, CEO

소 매 업 의 주 요 특 성

요즘 같은 시장에서 소매업을 하는 것은 쉬운 일이 아니다. 고객은 과거와 다른 요인에 따라 행동하고 의사결정을 위한 많은 정보를 가지고 있다.

이러한 시장의 변화에 대응하려면 브랜드에 대한 정확한 정의와 고객들이 무엇을 기대하는지를 명확히 알아야 한다. 그리고 고객이 원하는 것을 제공해야 한다. 시장은 다음과 같은 방법으로 고객들에게 다가갈 수 있다.

- **가격**[코스트코(Costco), 월마트(Wal-Mart)]

- **패션**[노드스트롬스(Nordstrom's)]

- **편리함**[퀵트립(Quik Trip)]

- **독특함**[호스트 오브 스페셜리티(Host of Speciality)]

- **다목직싱**[파라다이스(Paradies)]

이 같은 접근방법과 함께 서비스도 제공해야 한다. 파라다이스 숍스(The Paradies Shops)는 다목적성과 함께 수준 높은 서비스를 제공함으로써 우리의 산업 분야－공항 소매업－에서 크게 성장할 수 있었다.

별로 비싸지 않은 상품이 때로는 더 높은 수준의 서비스를 요구한다는 사실은 흥미롭다. 반대로 아주 비싼 상품이 높은 수준의 서비스를 요구하지 않는 경우도 있다. 그러나 서비스는 어느 경우든 필요하다.

마지막으로 제공된 서비스는 편리함으로 직결되어야 한다. 상점의 시설과 직원은 고객들이 편리하게 쇼핑할 수 있는 환경을 조성해야 한다. 오늘날 고객들은 불편한 쇼핑을 제공하는 매장은 방문하지 않는다.

서비스란 무엇인가?

우리는 표준화된 서비스를 제공한다. 일반적으로 생각하는 서비스와는 다르지만 분명히 고객들의 긍정적인 반응을 불러일으킨다. 우리는 고객의 입장에서 머천다이징 계획을 세운다. 우리의 매장은 밝고 고정물이 적기 때문에 출입이 쉽다. 고객이 가장 많이 찾는 시간에는 계산대가 충분히 열려 있는지를 확인한다. 고객이 없을 때는 서비스 제공이 쉽다. 하지만 중요한 것은 고객의 수가 증가하는 특정 시간에 서비스를 제공할 준비가 되어 있는지 여부다. 우리 사업뿐만 아니라 모든 소매업에서는 가장 바쁜 시간과 한가로운 시간을 쉽게 예측할 수 있다.

우리는 고객이 몰리는 시간에는 항상 책임자가 매장에 나와 있어야 한다고 강조한다. 12개의 계산대에서 발생하는 문제를 해결하기 위해 결정을 내릴 사람이 한 명이라도 있어야 한다. 따라서 책임자가 매장에 나와 있는 것은 중요하다. 그리고 점원들에게는 밝은 색 옷을 입게 해, 고객들이 점원을 쉽게 알아볼 수 있게 한다. 상점에 들어갔을 때 누가 점원인지 구분할 수 없다는 것은 매우 짜증나는 일이다. 모든 것을 단순하고 깨끗하게 하려고 노력해야 한다. 고객에게 가까이 다가가기 위해 계산대는 작게 하고, 가방을 놓고 구입한 물건을 정돈할 만한 자리를 마련해야 한다. 이는 사소한 일이지만 고객들에게 즐겁고 쾌적한 쇼핑을 경험하게 하는 방법 중 하나다.

상품의 진열도 서비스와 직접적인 관련이 있다. 대부분의 기업이 진열의 중요성을 간과하고 상품을 잘못 진열하는 경우가 많다. 어떠한 진열이 효율적이고 좋은 것인지 알지 못하는 것 같다. 무엇이 상점을 매력적으로 만드는지 분석하고 결과를 활용하는 것은 중요하다. 분석한 결과에 따라 우리는 머리글자 C. A. L. M.을 이용한다. 'C'는 색(color)을 의미한다. 뚜렷한 인상을 남기는 색으로 상품을 진열하는 것은 중요하다. 'A'는 접근(access)을 의미한다. 상점 출입과 구경을 쉽게 할 수 있게 배려한다는 뜻이다. 'L'은 조명(light)을 뜻한다. 많은 조명이 있는 것도 중요하지만 조명으로 상품을 부각시키는 것이 더 중요하다. 마지막으로 'M'은 유지(maintenance)를 뜻한다. '유지'는 매우 중요하다. 진열에 많은 비용을 투자해도 잘 유지하지 못하면 고객들에게 매장의 이미지를 제대로 심어주지 못하기 때문이다. 결론적으로 우리는 매장을 살펴볼 때, C. A. L. M.이라는 개념을 이용해서 색깔, 접근, 조명, 유지를 중점적으로 본다. 차원 높은 진열을 위해서는 이 네 가지 조건이 모두 충족되어야 한다.

우리는 비행기 탑승객들이 항상 소지하는 필수품이 있다는 것을 안다. 그리고 탑승객들은 비행기를 타러왔지 상품을 구입하러 온 것이 아님을 분명히 알고 있다. 그러나 탑승객들도 기본적인 것에 대한 필요성은 느낀다. 커피 한 잔과 신문, 비행기 티켓만 있다면 다른 것은 필요하지 않다는 말처럼 커피 한 잔과 신문이 필요할 수도 있다. 참으로 지당한 말인데, 그렇다면 커피 한 잔과 신문 외의 상품구매는 충동구매가 된다. 한 잠재고객이 매장에 들어와서 다섯 명의 고객이 계산대에 줄지어 기다리는 것을 보면 충동구매를 할 확률은 매우 낮아진다. 따라서 되도록 빨리 계산하고 쉽게 쇼핑할 수 있는 환경을 만들어서 고객들이 충동구매를 하도록 유도해야 한다. 신문을 팔고, 갑자기 두통이 생긴 사람에게는 아스피린을 팔 수 있게 약품을 구비한다. 시간은 중요하기 때문에 계산을 빨리 처리하여 고객을 편안하게 하는 것은 또 다른 충동구매로 이어질 수 있다.

올바른 접근법

우리는 결과보다는 실질적인 운영에 전념하려고 노력한다. 우리는 매우 실질적이며 입구(front-door)를 중요시 여기는 기업이다. 우리 회사의 경영자들은 고객과 같이 앞문으로 출·퇴근하고 판매원들과 악수를 나누며 고객들이 무엇을 원하는지를 조사한다. 뒤에 있는 사무실이나 창고를 먼저 찾지 않으며 이익과 손해를 분석하지 않는다. 즉 '입구(고객을 맞는 곳)'에서 우리가 원하는 만큼 잘될 때까지 다른 부분에는 신경 쓰지 않는다. 상품구성은 59개의 공항(330개의 상점)에서 추출한 정보를 통해 구체화된다. 공항에서의 소매업은 다른 소매업에 비해 매우 전문화됐기 때문에 정보 또한 특이하다. 고객이 공항에 도착하면 다른 환경에 적응해야 한다. 그들이 커피 한 잔과 신문만 원할 수도 있지만, 우리는 이런 수입만으로 생존할 수 없다. 머천다이징 계획을 통해 충동구매를 불러일으켜야 한다. 이러한 충동구매 접근은 추가적인 판매를 낳고 높은 수익을 발생시킨다. 우리는 '탑승객당 달러'를 기준으로 실적을 측정한다. 모든 경영자들에게는 실적을 객관적으로 평가할 수 있는 기준이 있어야 한다.

우리에게는 항상 일정한 고객통행량이 보장되지만 그렇다고 통행량이 급격히 증가하지도 않는다. 동네 상점이라면 최고의 상품을 판매한다는 입소문만 나면 온 동네 사람들이 몰려들 것이다. 그러나 공항에서는 그렇지 않다. 비행기 이용객 수는 항상 비슷하기 때문에 잠재적 시장의 규모는 항상 일정하다. 쇼핑을 하러 공항에 가는 사람은 없다. 문제는 시장을 확장하는 것이 아니라 탑승객 한 명에게 얼마나 많이 판매하느냐다. 지난 2년간 통행량은 증가하지 않고 오히려 감소했다. 그러나 효과적인 머천다이징을 통해 적은 탑승객에게 더 많은 상품을 판매하면서 우리 사업은 성장세에 있다. 즉 어떻게 적은 탑승객에게 더 많이 판매할지가 우리의 과제다.

브랜드

소매업에서 가장 어려운 것은 모든 사원들이 최선을 다해 사업에 헌신하게 하고 브랜드와 기업 수준을 이해하게 하는 것이다. 우리는 누구인지, 무엇을 위해 우리가 여기에 있는지에 대해 반복해서 교육시켜야 한다. 그런 뒤에 우리가 한 이야기를 사원들이 이해했는지를 확인하는 것이 중요하다. 우리는 매우 분산화된 조직이다. 똑같은 상점이 없고 여러 곳에 위치하기 때문에 지시사항을 모든 곳에 일관성 있게 전달하는 것은 중요하다. 같은 지시사항이라도 사람마다 다르게 해석하고 이해하기 때문이다. 양질의 상품과 인적 자원, 이 두 가지 부분이 잘 관리될 때 사업이 성공할 수 있다. 반대로 사업이 성공하지 못하는 이유는 상품에 문제가 있거나 인적 자원 관리에 문제가 있어서이다. 우리 기업의 모든 문제는 이 두 가지 중에 한 가지다. 좋은 상품과 적합한 사람을 구하기 위해 끊임없이 노력해야 한다. 좋은 머천다이징은 적절한 상품을 적합한 시간과 공간에, 알맞은 양, 적당한 가격으로 공급하는 것이다(Sears & Roebuck, *Management Training*, 1967). 그리고 직원들을 기업의 목표를 달성하고 브랜드 이미지를 높일 수 있게 교육시켜 회사에 헌신하여 일할 수 있게 해야 한다.

구매한 가격보다 더 높은 가격으로 판매하고, 비용을 제외하고 남는 수익이 많으면 성공적이고 고객이 원하는 상품을 판매했다고 할 수 있다. 상품에 대한 수요가 많지 않아도 되는 것이 소매업의 장점이라고 할 수 있다. 일반적으로 소매업에서는 많은 것을 조절할 수 있어야 한다. 고객들이 충동구매하게 유도해야 하고 고객들의 시선을 사로잡을 수 있어야 한다. 사람들이 소매업을 선택하는 이유는(다른 산업과 비교했을 때 출세의 길이 없음에도 불구하고) 결과를 바로 볼 수 있기 때문이다. 자신이 수행한 일에 대한 결과를 바로 볼 수 있다는 것은 더 열성적으로 일할 수 있는 환경을 만들어준다. 이렇듯 눈앞에서 결과를 빨리 받아볼 수 있는 사업은 극히 드물다. 경험자로부터 제대로 된 교육을 받았고 경력이 있는 소매업자들은, 자신들의 행동이 고객 반응에 크게 영향을 미친다는 것을 알고 있다. 직원들이 어깨를 으쓱하며 '야, 경기가 안 좋아'라고 말하면 그 분위기가 바로 고객들에게 전달되어 고객들은 정말 경기가 안 좋다는 느낌을 받게 된다. 운명은 어느 정도 우리 자신에게 달려 있다.

가 격 결 정 하 기

우리 상점에서는 가격에 대한 고객들의 의견을 존중하고 가능한 한 가장 높은 수익을 창출할 수 있도록 가격을 결정한다. 일반적으로 총판매 수가 많을수록 수익은 더 높다. 그러나 담배 한 갑을 8달러에 팔고 싶지는 않다. 오성 호텔에서의 하룻밤 숙박료로 선뜻 400달러를 지불할 수는 있다. 그러나 아래층에 내려가서 담배 한 값을 사면서 8달러를 지불해야 한다는 것은 매우 놀랄 노릇이다. 나는 이러한 장사 철학이 놀라울 뿐이다. 하룻밤에 400달러라면 당연히 담배는 무료로 제공해야 한다. 그러나 이런 작은 부분에서도 수익을 남기려 한다. 하루에 400달러를 내는 사람이 8달러짜리 담배를 구매할 능력이 없을까? 당연히 있다. 이는 구매 능력과는 별개의 문제다. 너무 작은 것에도 이윤을 남기려고 한다면 고객은 불쾌감을 느낄 것이며, '또 무엇을 뜯길까' 하며 못마땅해할 것이다. 상품에 따라 수익을 계산해야 한다. 즉 상품에 따라 가격을 결정해야 한다는 말이다.

2달러를 치른 상품을 겨우 3달러에 되팔아야 할 경우도 있다. 때에 따라서는 필요한 수익만으로 상품 가격을 정할 수는 없다. 예를 들어 2달러에 상품을 사고 60%의 이윤을 붙이면 상품의 가격은 5달러가 된다. 어떤 상품의 경우는 어느 정도에 팔려야 하는지 공통적으로 인식되는 가치가 있다. 즉 '이것은 2달러 주고 샀어'라고 말하면서 상품의 가치는 평가하지도 않은 채 으레 6달러에 파는 것은 미친 짓이라는 말이다. 다시 담배를 예로 들자면, 담배 한 갑을 팔아 50%의 이윤을 기대한다고 가정하자. 담배는 세금 등을 포함하여 한 갑에 3달러가 넘는 가격(3.5달러)에 팔린다. '그래 그럼 한 갑에

7달러를 받아야겠군'이라고 한다면 도가 지나치다는 것이다. 어떤 상품에는 특정하게 인식되는 가치가 있기 때문이다. 어떤 상품은 가격에 민감하지만 어떤 상품은 그렇지 않다. 우리는 어떤 상품의 구매 비용이 얼마인지 또는 판매가격이 얼마인지를 알 수 있기 때문에 가격을 정할 수 있는 것이다. 그러나 예를 들어, 내가 차고 있는 시계를 보여주며 얼마에 팔아야 하는지를 묻는다면 쉽게 결정할 수 없다. 적절한 상품 가격을 정하는 것은 매우 중요하므로 아주 조심스럽게 결정해야 한다.

입 지 , 입 지 , 입 지

입지는 매우 중요하다. 우리 매장이 들어선 곳은 썩 좋은 곳이 아니다. 하지만 입지에 대해 우리가 할 수 있는 것은 아무것도 없다. 다만 나쁜 입지이지만 좋은 입지에 있는 것처럼 열심히 최선을 다할 뿐이다. 그러나 입지는 중요하다. 같은 상품을 판다고 가정했을 때 하루에 1,000명이 지나가는 곳과 3,000명이 지나가는 곳이 있다면, 후자에 위치하는 것이 2~3배가량 더 많은 수입을 올릴 수 있다. 입지가 결정이 되면, 그 이후로는 입지에 대한 생각은 제쳐두고 일에 몰두해야 한다. 오늘 어떤 고객이 지나가는지, 그들을 사로잡기 위해 무엇을 해야 하는지에 집중해야 한다는 것이다.
우리는 매장을 임대할 때 되도록 가장 조건이 좋은 곳을 찾는다. 그렇다면 좋지 않은 입지 조건에서는 어떻게 벗어나는가? 우리는 벗어나려 하지 않는다. 모든 임대는 기간이 있고 우리는 그동안 꾸준히 장사하려고 노력한다. 실수를 해도 감수하고 재협상을 하려고 한다. 경우에 따라 성공할 수도 있고 그렇지 않을 수도 있다. 하지만 우리는 평판이 좋고 지속적으로 성장해왔다. 좋지 않은 입지에서도 수익을 올리고 있다는 것을 땅 주인이 안다면 땅 주인은 우리를 신뢰할 것이고 재계약하려고 할 것이다.

새 로 운 사 업 기 회

어떤 사업을 확장할 때 다음과 같은 질문을 한다. 재정적으로 감당할 수 있는가? 적절한 수익이 남는 사업 계획인가? 어떤 결과를 기대하는가? 이는 매우 간단한 분석방법이다. 판매와 지출이 얼마나 될지를 예상하고 이것이 사리에 맞는다면 다음 단계는 미래를 위해서 어떤 자원을 얼마나 보유하고 있는가라는 질문을 할 수 있어야 한다. 우리는 매우 보수적이라 수익을 내부적으로 분배하지는 않는다. 수익은 사업에 다시 투자한다. 이 때문에 우리는 많은 빚을 지지 않으면서도 꾸준히 성장할 수 있었다.

경 영 자 와 사 원 의 관 계

우리의 경영 스타일은 개방적이다. 서로 쉽게 다가와서 허심탄회하게 이야기를 주고받는다. 우리는 서로를 신뢰한다. 어떤 직위에 있든지 서로 정직해야 한다. 그렇지 않으면 팀도 없고 팀워크도 이뤄질 수 없다.

어떤 조직이든 믿음은 모든 관계의 기본이다. 실수를 했을 때 사원들만 비난받아서는 안 된다. 내가 목표하고 추구하는 것은 언제나 사원들의 목표와 같아야 한다. 함께 노력하면서, 조직원에게 어떠한 위협도 주어서는 안 된다.

사람들

능력 있는 지점장과 직원을 채용하는 것은 쉽지 않다. 직원들을 채용하는 데는 항상 위험이 뒤따른다. 핵심은 그들의 태도이고 그 다음이 실적이다. 어떤 이들은 성과를 내는 반면 어떤 이들은 그렇지 못하다. 그들이 헌신적이며, 브랜드 이미지를 높이기 위해 기업이 만든 기준을 잘 이해하는지를 확인해야 한다. 일반적으로 3~4개월 동안 일을 잘하면 앞으로 10년간 계속 근무할 확률이 높다. 3~4개월이 지나면 어떤 사람인지, 어떤 경험이 있는지, 회사의 기준을 잘 이해하고 있는지를 알 수 있기 때문이다. 만약 누군가가 3~4개월이 지나도 회사의 기준을 이해하지 못하고 헌신적이지 못하다면, 이는 적성에 맞지 않는 직장이나 분야에서 일하고 있는 것이다. 적성에 맞지 않는 일을 하는 사람은 절대로 바뀌지 않는다. 나는 경험이 많은 사람과 교육을 철저히 시키는 기업에서 이직한 사람을 좋아한다. 하지만 이 두 가지도 믿을 만한 것은 못 된다.

우리 기업은 좋은 문화가 있기 때문에 좋은 직원을 보유하고 있다. 직원들은 자신의 일을 좋아하고, 열성적이며, 리더로 대우받고, 신뢰받으며, 기업의 일부인 데 자부심을 느낀다. 그들은 합당한 보수를 받고 인정받는 것을 성공의 일부로 생각한다.

포상

우리 회사에는 많은 포상 프로그램이 있다. 예를 들어 1년 동안 경영자들이 업무를 하다가 떠오른 아이디어나 사업에 영향을 끼친 사례 등을 연례 세미나에서 발표하게 한다. 렉서스라는 작은 위원회에서 발표된 아이디어를 검토해 보고 훌륭한 아이디어를 낸 사람에게는 렉서스 자동차 키를 보내준다. 연말에 렉서스 키를 가장 많이 받은 세 사람을 선정하여 400~500명의 인원이 참석한 경영 세미나에서 진짜 렉서스 자동차 키를 뽑게 한다. 키를 뽑은 사람은 렉서스 자동차의 주인이 된다.

우리는 여러 가지 분야에서 다양하게 포상한다. 모든 판매원을 대상으로 하는 포상 프로그램이 있다. 이러한 포상 프로그램은 경영진들과 판매원들이 원만하게 조화를 이루게 하는 접착제 같은 역할을 한다. 직원들은 우리 기업을 위해 자신의 인생을 투자했다. 그들이 실패한다고 해도 우리는 그들을 위해 있을 것이다. 나는 인간을 평등하게 대해야 한다는 데 동의하지 않는다. 모든 사람은 평등하지 않기 때문이다. 우리에게는 뛰어난 판매원이 있고 그들을 표창하지만 이보다 중요한 것은 팀이다. 나는 개인적인 노력보다 팀에 의한 노력을 더 강조한다.

성공의 정의

우리에게 성공이란, 사업에서 우리 이미지를 유지하고 적절한 경제적인 보상을 받는 것이다. 이익은 꼭 남겨야 한다. 그렇지 않으면 사업을 지속할 수 없기 때문이다. 그러나 진짜 성공은 고객의 눈에 비친 우리의 실적이다. 우리에게는 두 종류의 고객이 있다. 상점에서 물건을 사는 사람과 공항 경영자

즉 토지 소유자다.

성 장

우리에게는 매우 견고한 철학이 있다. 2억 5,000만 달러든 4억 5,000만 달러든 사업 규모는 논외의 대상이다. 중요한 것은 수익과 우리에 대한 고객들의 인식이다. 우리는 상장기업이 아니기 때문에 주식시장의 변화에 따라 경영이 좌우되지 않는다. 성장은 우리의 노력 여하에 달렸다. 규모가 2억 5,000만 달러인 기업이라도 이윤을 많이 내며 직원 복지가 잘 되어 있고 이미지도 좋다면, 굳이 4억 5,000만 달러짜리 기업이 되려고 노력할 필요가 있을까? 이에 대한 답은 없다고 생각한다. 만약 실적이 좋아서 규모가 커지고 성장한다면 그것 또한 좋다. 이런 생각이 사기업과 공기업의 차이점이라고 생각한다.

우리 산업에는 'PR(public relations)'이라는 표현이 있다. 많은 사람들이 이를 '홍보'로 알고 있다. 그러나 우리는 '실적(performance)'과 '관계(relation)'라고 이해한다. 실적이 좋고, 좋은 관계를 맺으면 따라올 자가 없다. 실적이 나쁘고, 관계가 좋으면 문제가 발생한다. 실적은 좋으나 관계가 나쁘면 문제는 더욱 커진다. 실적이 나쁘고 관계도 없으면 망한다.

지금 가장 성공적인 기업들은 재정 담당자들보다 소매업 마인드를 지닌 경영자들이 기업을 운영하고 있다. 경영자들이 매장에서 발생하는 일과 시스템이 돌아가는 방식을 모르고, 고객들이 원하는 것을 충족시켜줄 수 없다면 모든 것을 잃게 된다. 대부분의 회사는 재정적으로 기업을 운영한다. 이렇게 되면 고객의 욕구를 충족시켜줄 수 없기 때문에 고객들은 다음과 같은 불평을 하게 된다. '죄송합니다. 관심 없어요', '당신은 아무것도 갖고 있지 않네요'라고.

성공하려면 고객과 가까이 있어야 하고 무엇을 하려는지가 분명해야 한다. 그리고 머천다이징의 원칙, 즉 적절한 상품을 적당한 가격과 적합한 시간에 알맞은 양을 마련할 수 있어야 한다. 나는 소매업을 사랑한다. 40년 전이나 지금이나 소매업에 대한 열정은 변함이 없다. 나는 복 받은 사람이다.

딕 딕슨 Dick Dickson

딕 딕슨은 오하이오 주의 옥스퍼드에 있는 마이애미 대학에서 마케팅 학사학위를 받았다. 그는 1978년 기업으로 들어오기 전에, 시어스(Sears), 로벅 앤 컴퍼니(Roebuck & Company), J. C. 페니(J. C. Penney)에서 20년간 소매업 매니저로서 경험을 쌓았다. 딕은 파라다이스 숍스의 경영 매니저로 처음 시작했다. 1980년에는 경영 부사장이 되어 미국 내 모든 지사의 일일 운영을 관리하는 책임을 맡았다. 1982년에는 수석 부사장으로 승진했다. 1994년 5월에는 사장 겸 CEO로 임명됐다. 딕은 이 기업의 주주이기도 하다.

방문판매의
독특한 특성

쉐일라 오코넬 쿠퍼 Sheila O'Connell Cooper

팸퍼드 체프(The Pampered Chef) 전 사장, CEO / 메리 케이(Mary Kay Corp.) 전 전무이사, 이사

방문판매는 관계를 형성한다

방문판매는 상품의 구매자와 판매원이 직접 만나서 얼굴을 마주보고 상품을 판매하는 비즈니스 모델이다. 고객들이 상품의 실제 기능을 직접 집에서 보며 쉽고 빠르게 상품을 사용하는 법을 배울 수 있다는 것이 강점이다. 방문판매 시장에서는 고객의 자택이나 직장에서 소비자의 편의에 맞춰 서비스하려고 노력한다. 방문판매는 사람들을 불러 모아 즐거운 시간을 갖게 하며 상품에 대해 교육하는 동시에 상품도 팔 수 있는 좋은 방법이다.

모든 방문판매원들이 겪는 문제는 잠재적인 고객과의 첫 만남을 어떻게 시작하는가이다. 이것이 바로 방문판매의 강점이기도 하다. 만남이 이루어졌다는 것은 관계가 형성되었다는 아주 큰 의미가 있다. 오늘날 사람들은 백화점에 가서 매장을 둘러보며 무엇을 원하는지에 대해 생각할 시간이 없다. 그러나 방문판매라면 판매원이 고객의 집 주변에 있을 가능성이 높다. 또한 고객이 이미 알고 있는 사람일 가능성이 높으며 고객이 원하는 상품을 안내해주고 그 사용법을 알려줄 수 있다.

고객과 판매원 사이에 형성되는 관계는 매우 중요하며 성실함과 신용으로 이루어진 관계라고 할 수 있다. 당신이 고객에게 전달하겠다고 말한 것은 반드시 최선을 다해 기대 이상으로 수행해야 한다. 매우 성실한 자세로 사업을 운영하고 당신이 대접받기 바라는 대로 사람들을 대우해야 한다는 것을 명심하라. 그렇게 하면 당신은 판매원으로서 고객과 성공적인 관계를 맺을 수 있고 사업도 성공하게 된다.

성공적인 상품의 비결

방문판매에 제공되는 상품은 품질이 좋아야 하고 일상생활에 유용해야 한다. 사람들은 색다른 것을 좋아하지만 그런 상품은 별로 유용하지 않다. 방문판매는 사람들이 어디엔가 처박아두어 쓰지 않아 잊힐 상품이 아니라 실제로 사용할 만한 상품을 팔아야 한다. 고객의 필요를 충족시키고 시간을 절약하게 해주면서 놀라운 결과를 가져오는 상품을 팔아야 한다.

방문판매를 위한 상품개발에는 몇 가지 방법이 있다. 구매한 상품을 매일 사용하는 고객들과 판매하는 판매원에게 귀를 기울여야 한다. 판매원으로 구성된 상품고문위원회를 만드는 것도 좋은 전략이다. 물론 새롭고 혁신적인 아이디어를 얻기 위해 시장조사를 하거나 직원들의 아이디어를 고려하는 것도 좋은 방법이다.

상품을 방문판매 시장에 내놓기 전에 연구실이나 부엌, 시연센터 등에서 여러 번 시험해봐야 하고, 판매원들과 함께 어떤 식으로 상품이 개선되기를 바라는지 상품의 질을 미리 검토해야 한다. 이렇듯 함께 상품을 검토함으로써 독특하고 품질 좋은 상품을 제조하는 회사라는 생각을 판매원들에게 심어줄 수 있다면, 그들은 상품을 판매하려는 의욕으로 넘칠 것이다. 판매원이 상품에 대해 신뢰감을 갖는 것은 성공을 위해 매우 중요한 요소이다.

대부분의 판매 경로는 가정에서의 시연이지만, 이 경로에만 만족해서는 안 된다. 카탈로그를 통해 주문하는 카탈로그 쇼와 자선단체를 돕기 위한 기금모금 등의 경로를 이용할 수 있다. 상품에 따라서 다른 방법으로 홍보하는 것도 고려해보라. 쇼, 요리교실, 공예파티, 화장품 변신 파티(Cosmetic make-over parties) 등이 있다. 상품을 판매할 수 있는 기회는 오직 당신의 상상력과 상품의 종류에 의해서만 제약을 받는다.

방문판매의 한 가지 감탄할 만한 점은 전통적인 소매업자들이 끊임없이 추구하고 있는 것, 즉 신뢰를 바탕으로 한 고객과의 관계가 이미 성립되어 있다는 것이다. 판매원은 이미 고객과 관계를 맺고 있다. 판매원은 때로 고객의 이웃이고 친구이며 친척이다. 고객들은 방문판매를 통해 물건을 구매할 때, 주로 아는 사람을 통한다. 그래서 질문이 있으면 물어볼 수도 있다. 물건을 고를 때 도움을 받았던 판매원을 이후 방문했을 때는 볼 수 없고, 구입한 상품을 만족스럽게 잘 사용하고 있는지를 고객에게 물어볼 수 없는 보통의 소매점과는 사뭇 다르다.

직 원 채 용 과 관 리

친근한 업무 환경을 조성한다면 판매원들은 방문판매가 재미있고 고객과 관계를 맺을 수 있는 훌륭한 방식의 소매업 유형이라는 것을 고객들에게 보여줄 수 있다. 그렇게 되면 고객들은 판매원에게 편하게 다가와서 당신 회사의 판매원으로 일하는 것에 대한 의견을 물어볼 수도 있는데, 판매원으로 근무하는 것은 돈을 버는 동시에 사람들과 만나고 상품을 사람들에게 알리는 등 본인이 하고 싶은 일을 할 수 있는 직업이라고 말할 수 있다.

놀랍게도 당신은 입사 광고를 내지 않아도 된다. 판매원들은 방문판매 회사에서 일할 수 있는 기회를 감사히 생각하고 있기 때문에, 고객들에게 방문판매 회사에서 일하는 것이 얼마나 좋은지를 설명할 것이며 고객들이 방문판매 회사에서 일하고 싶도록 유도할 것이다. 방문판매업은 업무 일정이 유연하게 짜여 있으므로 자신에게 맞는 일정을 세워 일할 수 있다. 그리고 회사가 모든 교육을 제공하므로 새로 입사하는 사람들은 일정한 교육 수준이나 전문지식 또는 자본이 필요하지 않다. 방문판매는 부수적인 수입을 얻으면서 사람들과 교류할 수 있는 좋은 방법이다.

일반적으로 방문판매 기업에 취직한 사람은 그 기업의 상품을 판매하는 모임이나 시연회에 한 번 이상은 참가해본 경험이 있는 고객이다. 그들은 판매원이 쇼를 진행하면서 상품에 대해 이야기하고 관객들 앞에서 시연하는 것을 봤던 사람들이다.

방문판매 회사의 판매원 일을 시작할 때 드는 비용은 저렴하다. 주로 100달러 미만의 작은 액수로 시연에 쓸 수 있는 키트를 구매하고 상품에 대한 정보, 파티 또는 시연을 주최하는 법이나 가장 효과적으로 상품을 이용하는 법에 대한 교재(비디오, 오디오, 테이프, 매뉴얼)도 얻을 수 있다.

목 표 를 달 성 하 도 록 동 기 부 여 하 기

판매원의 목표는 비즈니스에 들이는 시간과 노력에 따라 각각 차이가 있다. 판매원이 더 많은 시간을 투자하고 노력할수록 회사는 그들이 성취할 수 있는 여러 단계의 리더십을 제공한다. 직원들은 판매원 단계에서 시작하여 임원까지 올라갈 수 있다. 그 과정에서 그들은 판매수수료를 받게 되며 여행, 유람선 항해, 보석, 보너스 같은 추가적인 인센티브를 제공받는다.

이 사업에서는 혼자서 엄청난 것을 성취하기는 힘들다. 대신에 팀을 이루어서 성취할 수 있다. 실제적으로 독립적 계약자인 판매원의 요구를 수용하고 잘 지원한다면, 사업이 성공할 수 있도록 판매원들이 많은 도움을 줄 것이다. 회사의 모든 부서는 회사의 주요 목표와 역할이 판매원을 지원하는 것임을 깨달아야 한다.

의사소통은 주요한 동기부여 수단이다. 뉴스레터를 통해 판매원들은 기업과 산업에 대한 정보를 얻을 수 있고, 각 판매원들의 성과를 파악할 수 있으며, 상품에 대한 최신 정보를 얻을 수 있다.

회의는 또 다른 동기부여의 기회다. 예산이 허락한다면 연중 다른 시간에, 다른 목적으로 다른 관객을 겨냥하는 회의를 주최하여 성공을 도모할 수 있다. 몇몇 기업은 판매조직의 여러 단계에 맞게 회의를 구성한다. 예를 들면 다음과 같다.

- 1년에 한 번 판매원 모두가 참가하여 능력 있는 판매원을 포상하고, 신상품에 대한 교육과 워크숍을 제공하는 전국회의
- 회사의 성장에 일정하게 기여한 판매원, 예를 들어 경영 임원이나 사업을 성장시키는 데 헌신하는 풀타임 판매원을 위한 리더십 회의
- 회의에 참석하지 못하는 판매원을 위해 회사 직원들이 직접 방문하여 교육을 지원받는 여러 가지 연중 프로그램

효과적인 경영이 직면하는 문제

방문판매 기업을 경영하는 데 가장 큰 문제는 의사소통이다. 기업 운영에는 지속적이며 일관성 있고 효과적인 의사소통이 필요하다. 당신이 하겠다고 공언한 것은 반드시 실행한다는 믿음을 사람들에게 확신시키며 성실히 신뢰를 쌓아가야 한다.

솔선수범하면서 프로젝트를 주도하는 사람들은 언제나 환영받는다. 이런 태도를 기르기 위해서는 직원들의 일에 너무 간섭하지 말고 스스로 업무를 관리할 수 있게 해야 한다. 당신은 함께 일하는 사람을 위해 필요한 인력이 될 수 있고, 그들이 하는 모든 일에 관여할 수도 있다. 업무가 잘못되고 있다고 판단되는 경우가 아니라면 조언을 부탁할 때까지 그대로 있는 편이 더 낫다. 당신의 회사에 합류할 수 있는 하나의 기준은 강한 책임감이라고 할 수 있다.

좋은 직원을 찾아내는 일은 쉽지 않다. 팀원과 비슷한 비전과 목표를 가지고 있는지를 알기 위해서는 오랜 대화가 필요하다. 인간적인 면이나 개인적인 기술은 업무 기술만큼 중요하다. 긍정적인 관계를 형성하는 데 의존하는 방문판매와 같은 비즈니스에서는 더욱 그렇다. 사람들은 인정받고 자신이 가치가 있다고 느끼며 성장할 기회가 주어지고 리더가 될 수 있을 때 회사에 계속 머문다. 당신이 그런 분위기를 만들고 직원들을 신뢰할 때 직원들은 당신의 기대를 뛰어넘어 부응한다. 직원들이 창의성을 발휘할 수 있고 사내 정책에 대해 동요하지 않는 분위기를 만들 수 있다면 당신은 어떠한 도전에도 흔들리지 않는 강한 팀을 만들 수 있다.

많은 매니저들은 다음 단계로 발전하는 팀원을 지켜보며 크게 기뻐한다. 사업을 성장시키고 판매원과 고객을 좀 더 확실하게 지원하는 것은 쉬운 일이 아니다. 매니저로서 당신은 판매원을 위한 기회를 제공하고 엄격한 윤리적 기준과 성실함으로 일하기 위해 열심히 노력해야 한다. 올바른 일을 하는 회사에 다닌다는 사실은 직원들에게 자부심을 줄 수 있다. 당신은 직원들에게 그러한 자부심을 넘어 익숙하고 편한 것에서 벗어나라고 격려해야 한다. 상품에 관계없이 방문판매는 끊임없이 변화하는 시장이며 이미 얻은 명예에 안주해서는 안 된다. 절대로 현재 상태에 만족하지 마라.

당신 회사에 대한 평판은 성공의 강한 지표다. 회사가 윤리적이며 성실하고 품질 좋은 상품을 판매한다는 평판이 나도록 노력하라. 또 다른 성공지표는 재구매하는 고객들이다. 고객들이 당신 브랜드의 상품을 구입하기 위해 또다시 방문하는 것은 아주 좋은 신호다. 기업의 성공을 가늠하는 더 깊이 있는 지표 중 하나는 자신의 목표를 달성시키는 판매원들의 성공이다. 신입사원에서부터 책임이 따르는 더 높은 자리로 승진하는 직원이 많을수록 기업이 성공할 수 있는 가능성은 높아진다.

변화하는 방문판매 시장

고객들의 시간에 대한 요구는 극적으로 변화했다. 사람들이 기회를 살피면서 신상품을 고려해볼 시간은 점점 줄고 있다. 고객들은 시간을 절약하면서 품질 좋은 제품을 찾도록 도와주고 진심어린 서비스를 하는 사람에게 고마움을 느낀다.

또 고객들이 상품을 사는 방식도 바뀌었다. 과거에는 모든 사람이 매장에 들러 물건을 만져본 후에야 구매했다. 그러나 지금은, 인터넷을 통해 상품을 구매하는 것에 더 익숙해졌다. 사람들이 의사소통하는 방식에 많은 변화가 생긴 것이다. 이런 모든 변화는 우리가 의사소통하고 정보를 나누는 방식과 그 정보를 나누는 데 들이는 시간조차 변화해야 한다는 것을 보여준다. 어떤 비즈니스에 종사하든 모든 사람들은 같은 정보를 간단명료하고 편리한 방식으로 전달받고 싶어 한다는 사실을 인정해야 한다.

모든 기업이 계속 성장하기 위해서는 변화가 필수적이다. 매일 변화할 필요는 없지만 모든 것이 변화한다는 사실을 인정하고 그 변화에 대처할 준비가 되어 있어야 한다. 느리게 변화하는 회사는 성공할 수 없다.

변화에 대응하기 위해서는 다른 많은 종류의 정보를 이용하는 것이 도움이 된다. 무역센터 전시회에 가보고, 무역협회에도 가입하며, 판매원과 고객들의 피드백을 받아보라. 주말에 매장에 들러 판매원들이 손님들과 어떻게 대화하는지, 상품의 품질이 어떠한지, 가격이 어떠한지, 최신 유행이 무엇인지를 알아보도록 노력하라. 이런 정보는 친구들과 이웃들이 어떤 것에 관심이 있는지, 어디에서 시간을 보내고 싶은지를 알아보는 것처럼 중요하다.

상 품 의 품 질 을 믿 고 성 실 하 게 임 하 기

방문판매 사업에서 성공하기 위해서는 당신 회사 상품의 품질을 믿어야 하고, 시장에 상품을 내놓는 것은 고객에게 가치를 부여하는 것임을 믿어야 한다. 나는 또한 판매의 힘을 확실히 믿는다. 방문판매는 전통적인 소매업 분야에서는 제공할 수 없는 수준 높은 고객 서비스와 좋은 품질의 상품을 제공한다고 믿는다. 나는 방문판매 사업에 뛰어들어 점점 발전하는 판매원을 지켜보는 것을 즐긴다. 판매원들이 다른 사람의 인생에 가치를 부여하는 것을 보며 나 자신도 최선을 다하려고 노력한다. 방문판매는 이런 것을 가능하게 하는 독특한 수단이다.

쉐일라 오코넬 쿠퍼 Sheila O'Connell Cooper

쉐일라 오코넬 쿠퍼는 팸퍼드 체프(Pampered Chef)의 전 사장이자 CEO였다. 2001년 1월 사장(president) 겸 운영책임자(Chief operation officer)로 팸퍼드 체프에 합류했다. 그녀는 2003년 1월에 사장 겸 CEO로 임명됐고, 벅셔해서웨이 (Berkshire Hathaway)의 워렌 버핏(Warren Buffett) 밑에서 일하면서 수백만 달러 규모의 국제적인 기업의 전략과 운영 방식을 결정하는 책임을 맡았다.

오코넬 쿠퍼는 기업에 재직하는 동안, 기업의 성장과 성공에 기여했고 벅셔해서웨이 가 팸퍼드 체프를 인수하는 데 공헌했다. 또 심플 애디션스(Simple Additions)라는 탁상용 상품생산 라인을 새로 가동하는 데 성공했고 78만 제곱피트의 국제 본부를 여는 데 선구적인 역할을 했다. 오코넬 쿠퍼는 팸퍼드 체프의 식사시간 메시지 (Pampered Chef's mealtime message)를 장려하고 전 세계의 키친 컨설턴트(Kitchen Consultants), 주인, 고객들이 목표를 설정할 수 있도록 도움을 주었다.

방문판매 경험은 1988년에 댈러스의 메리 케이(Mary Kay Corp.)에서 경영 부사장 겸 임원으로 합류했을 때 시작됐다. 메리 케이에서 근무한 11년 동안, 판매는 3배 이상이나 늘었다. 1999년에는 댈러스에 본부를 둔 세계적인 방문판매 기업인 뷰티 컨트롤(Beauti Control, Inc.)의 사장이자 최고운영책임자가 됐다. 그녀는 기업의 경영전략을 수립·실행했고, 터퍼웨어(Tupperware)가 뷰티 컨트롤(Beauti Control)을 성공적으로 인수하는 데 기여했다.

최근에 쉐일라는 방문판매협회(Direct Selling Association: DSA)와 방문판매교육기금(Direct Selling Education Foundation: DSEF)의 임원으로 활동한다. 그녀는 댈러스의 서던 메소디스트 대학 로 스쿨(Southern Methodist University Law School)에서 법학 학위를 받았고 컬리저 파크의 메릴랜드 대학에서 과학학사 학위를 취득했다.

지은이

제임스 W. 키이스(James W. Keyes): (주) 7-Eleven 사장, CEO

R. 휘트니 앤더슨(R. Whitney Anderson): MotherNature.Com 회장, CEO

스티븐 G. 푸엣(Steven G. Puett): Las Vegas Golf & Tennis 사장, CEO

제프리 W. 그리피스(Jeffrey W. Griffiths): Electronics Boutique Holdings Corp. 사장, CEO

켄 워커(Ken Walker): Meineke Car Care Center, Inc. 사장, CEO

마크 C. 반 겔더(Marc C. van Gelder): Peapod 회장, CEO

제프리 스톤(Jeffrey Stone): Tweeter Home Entertainment Group, Inc. 사장, CEO

킵 틴델(Kip Tindell): The Container Store CEO, 사장이며 창업자

퍼크 퍼킨스(Perk Perkins): The Orvis Co. 사장, CEO

딕 딕슨(Dick Dickson): The Paradies Shops 사장, CEO

쉐일라 오코넬 쿠퍼(Sheila O'Connell Cooper): The Pampered Chef 전 사장 · CEO,
Mary Kay Corp. 전 전무이사 · 이사

옮긴이

박윤규

현 성공회대학교 유통정보학과 교수

미국 클레어몬트 대학교(Claremont University) 경영정보학 박사

미국 보스턴 대학교(Boston University) 경영정보학 석사

미국 플로리다 공대(Florida Institute of Technology) 전산학 석사, 경영학 학사

소비자의 지갑을 여는 11가지 기술

소매업 CEO들의 성공 스토리

ⓒ 박윤규, 2007

지은이 | 제임스 W. 키이스 외
옮긴이 | 박윤규
펴낸이 | 김종수
펴낸곳 | 서울출판미디어

편집 | 최진희

초판 1쇄 인쇄 | 2007년 5월 30일
초판 1쇄 발행 | 2007년 6월 10일

주소 | 413-832 파주시 교하읍 문발리 507-2(본사)
      121-801 서울시 마포구 공덕동 105-90 서울빌딩 3층(서울 사무소)
전화 | 영업 02-326-0095, 편집 02-336-6183
팩스 | 02-333-7543
홈페이지 | www.hanulbooks.co.kr
등록 | 1980년 3월 13일, 제406-2003-053호

Printed in Korea.
ISBN 978-89-7308-142-4 03320

* 책값은 겉표지에 있습니다.